일연이 들려주는 역사와 불교 이야기

그림으로 보는 삼국유사

⊙ **사진 제공**
19쪽-인각사 보각 국사 비, 21쪽-삼국유사, 22쪽-참성단, 92쪽-경주 오릉
부록-정림사지 5층 석탑/부석사 무량수전/모전석탑/황룡사지/미륵사지 석탑/삼층 석탑/
다보탑/파사 석탑/통도사 금강 계단/감은사지 3층 석탑/석굴암 본존불
(국가문화유산포털: www.heritage.go.kr)

일연이 들려주는 역사와 불교 이야기
그림으로 보는 삼국유사 ❶

개정판 1쇄 발행 2022년 8월 20일

글 일연 | **엮음** 김은의 | **그림** 홍연시

발행인 오형석
편집장 이미현 | **편집** 정은혜 | **디자인** 이희승
발행처 (주)계림북스
신고번호 제2012-000204호 | **등록일자** 2000년 5월 22일
주소 서울시 마포구 창전로 74 여촌빌딩 3층
대표전화 (02)7079-900 | **팩스** (02)7079-956
도서문의 (02)7079-913
홈페이지 www.kyelimbook.com

ⓒ 계림북스, 2022
이 책에 실린 글과 그림, 사진의 무단 전재나 복제를 금합니다.

ISBN 978-89-533-3470-0 74900 | 978-89-533-3469-4(세트)

일연이 들려주는 역사와 불교 이야기

그림으로 보는 삼국유사

글 일연 | 엮음 김은의 | 그림 홍연시

1

계림북스
kyelimbooks

들어가는 말

오천 년 우리 역사 속 흥미진진한 이야기들이 펼쳐집니다!

고조선, 부여, 고구려, 신라, 백제, 가야, 발해 등 처음 우리나라는 어떻게 생겨났을까요? 단군왕검, 금와, 고주몽, 박혁거세, 수로왕 등 처음 우리나라를 세운 임금들에게는 어떤 신비한 이야기가 전해져 내려올까요? 고대의 우리 조상들은 어떤 노래를 부르며 울고 웃었을까요? 〈삼국유사〉는 이런 궁금증을 시원하게 풀어 주는 고대 역사책이자 이야기책이에요.

무엇보다 〈삼국유사〉에는 단군 신화가 최초로 수록되어 있어요. 고구려, 백제, 신라의 이야기는 물론이고, 고조선과 삼한, 부여, 가야, 발해, 후삼국에 대한 기록도 빠짐없이 실려 있지요.

〈그림으로 보는 삼국유사〉는 승려 일연이 기록한 우리나라 역사책 〈삼국유사〉의 내용을 어린이들이 재미있게 읽을 수 있도록 쉽게 풀어 썼어요. 세상에서 일어나는 여러 가지 기이한 이야기, 나라를 세운 이야기, 신라의 노래 향가, 불교와 승려 이야기, 절과 탑 이야기, 보통 사람들의 소박한 이야기까지 우리 민족이 살아온 이야기가 재미있는 그림과 함께 흥미진진하게 펼쳐진답니다. 그럼 우리 민족의 역사가 생생하게 펼쳐진 〈그림으로 보는 삼국유사〉 속으로 들어가 볼까요?

엮은이

차례

우리 민족의 위대한 문화유산 〈삼국유사〉

- 우리 민족의 정신을 기록하다 ········ 12
  - 최초로 단군 신화가 기록되었어요
  - 수천 년 전 우리 민족의 생활과 문화를 알 수 있어요

- 나라의 고난 속에서 탄생한 〈삼국유사〉 ··· 16
  - 〈삼국유사〉는 승려 일연이 썼어요
  - 몽골의 침략 속에서 우리 것을 찾으려 노력했어요

- 우리나라에서 가장 오래된 역사 이야기책 ······ 20
  - 〈삼국유사〉는 어떻게 구성되었을까요?
  - 건국 신화로 우리의 뿌리를 알 수 있어요
  - 역사책이면서 이야기책이에요

- 〈삼국유사〉와 함께 읽으면 더 좋은 〈삼국사기〉 ·· 26
  - 〈삼국사기〉는 어떤 책일까요?
  - 〈삼국유사〉와 〈삼국사기〉는 어떻게 다를까요?
  - 〈삼국유사〉와 〈삼국사기〉는 함께 읽으면 더 좋아요!

삼국유사 배움터 ················· 32
먼 옛날 통치자들에 관한 기이한 이야기

삼국유사 놀이터 알맞은 그림 찾기 ········ 34

이 땅에 첫 나라가 세워지다

- 우리나라의 첫 나라, 고조선 ········ 38
  - 환웅이 태백산으로 내려왔어요
  - 곰이 웅녀가 되었어요
  - 단군왕검이 고조선을 세웠어요

- 중국에 대항한 위만 조선 ········ 44
  - 연나라 사람 위만이 고조선의 왕이 되었어요
  - 위만의 손자 우거가 왕위를 이었어요
  - 한나라가 고조선을 공격했어요
  - 태자가 군사를 이끌고 되돌아왔어요
  - 우거왕이 살해되고 고조선이 무너졌어요

삼국유사 배움터 ················· 54
위만은 어느 나라 사람일까?

- 남쪽에 세워진 삼한 ············· 56
  - 한반도 남쪽에 마한, 진한, 변한이 세워졌어요

삼국유사 배움터 ················· 58
고조선의 뒤를 이은 고대 국가들

삼국유사 놀이터 알맞은 나라 이름 넣기 ········ 60

나라를 세운 왕들의 신성한 이야기

- 고구려와 백제의 뿌리가 된 북부여와 동부여 ·· 64
  - 해모수가 북부여를 세우고, 해부루가 동부여를 세웠어요
  - 해부루가 금와를 얻었어요
- 천제의 자손, 주몽이 세운 고구려 ············ 68
  - 금와왕이 유화를 만났어요
  - 유화가 알을 낳았어요
  - 금와왕의 아들이 주몽을 시기했어요
  - 주몽이 몰래 동부여를 떠났어요
  - 졸본에 도읍을 정하고 고구려를 세웠어요
  - 또 하나의 전설
- 알에서 태어난 신라 시조, 혁거세왕 ············ 80
  - 진한 땅에 여섯 마을이 있었어요
  - 촌장 회의를 열었어요
  - 알 속에 남자아이가 앉아 있었어요
  - 계룡이 왼쪽 옆구리에서 여자아이를 낳았어요
  - 박혁거세는 왕이 되고 알영은 왕비가 되었어요
  - 뱀이 장례를 방해했어요

삼국유사 배움터 ············ 92
경주 오릉은 누구의 무덤일까?

- 신라의 유일한 차차웅 남해왕 ············ 94
  - 차차웅이라고 불렀어요

신라를 이끈 김씨 왕조의 특별한 이야기

- 이가 많은 노례왕 ·········· 96
  - 떡을 깨물어 시험했어요
- 용왕의 아들, 탈해왕 ·········· 98
  - 이상한 배가 들어왔어요
  - 상자에서 남자아이가 나왔어요
  - 붉은 용이 배를 호위했어요
  - 호공의 집을 찾아갔어요
  - 물그릇이 입에 붙었어요
  - 석탈해가 왕위에 올랐어요

  삼국유사 놀이터 알맞은 것끼리 선 긋기 ·········· 110

- 신라 김씨의 시조, 김알지 ·········· 114
  - 나뭇가지에 걸린 황금 상자에서 나타났어요
  - 신라의 김씨는 알지에서 시작되었어요
- 왜국의 왕과 왕비가 된 연오랑과 세오녀 ·········· 118
  - 연오랑을 왕으로 삼았어요
  - 신라의 해와 달이 빛을 잃었어요
- 죽어서도 나라를 지킨 미추왕 ·········· 122
  - 대나무 잎을 꽂은 군사들이 도와주었어요
  - 김유신의 무덤에서 회오리바람이 일어났어요
  - 혜공왕이 김유신의 무덤에 사과했어요
- 아우들을 잊지 못한 눌지왕과 충신 박제상 ·········· 128
  - 미해는 왜국으로, 보해는 고구려로 잡혀갔어요
  - 눌지왕이 눈물을 흘렸어요
  - 박제상이 고구려에 갔어요
  - 박제상이 왜국으로 갔어요
  - 의심을 피하려고 거짓말을 했어요
  - 미해 왕자가 탈출했어요
  - 차라리 신라의 개돼지가 되겠노라!
  - 박제상의 부인이 치술령의 신모가 되었어요

- 죽이려다 죽은 실성왕 ·············· 144
  - 눌지를 제거하려다 죽었어요

삼국유사 배움터 ·············· 145
눌지왕이 실성왕을 죽였다?

- 거문고 집을 쏜 비처왕 ·············· 146
  - 까마귀와 쥐가 와서 울었어요
  - 정월 대보름 풍속이 생겼어요

- 울릉도를 정복한 지증왕 ·············· 150
  - 왕비를 구하기 어려웠어요
  - 우릉도를 정복했어요

- 백제의 제안을 거절한 진흥왕 ·············· 154
  - 백제가 원망하며 신라를 침략했어요

- 백성들에게 쫓겨난 진지왕 ·············· 156
  - 진지왕이 도화녀를 탐냈어요
  - 도화녀가 귀신의 아들 비형을 낳았어요

- 귀신에게 벼슬을 내린 진평왕 ·············· 160
  - 비형이 귀신을 불러 다리를 놓았어요
  - 귀신들이 비형 이름만 들어도 달아났어요
  - 귀신을 쫓는 풍습이 생겼어요
  - 왕이 밟자마자 돌이 부서졌어요

  - 신라에는 세 가지 보물이 있었어요

삼국유사 놀이터 알맞은 이야기 만들기 ·············· 168

지혜와 통찰력을 발휘한 신라의 여왕

- 앞날을 내다본 선덕 여왕 ·············· 172
  - 모란꽃에 향기가 없다는 것을 알았어요
  - 적이 숨어 들어온 것을 알았어요
  - 죽을 날을 알았어요

- 태평가를 수놓아 외교에 힘쓴 진덕 여왕 ·············· 178
  - 비단에 태평가를 수놓았어요
  - 알천이 호랑이 꼬리를 잡아 땅에 메쳐 죽였어요

삼국유사 배움터 ·············· 180
왜 신라에만 여왕이 있었을까?

삼국유사 놀이터 다른 그림 찾기 ·············· 182

삼국유사 놀이터 정답 ·············· 184

〈부록〉 삼국 시대의 지도와 불교 문화유산

〈삼국유사〉는 〈삼국사기〉와 더불어 우리나라에 남아 있는 가장 오래된 역사책이에요. 고려 말 충렬왕 때 승려 일연이 고대의 신화와 전설, 삼국의 역사와 문학, 지리와 생활 풍속 등을 모아 만들었어요. 우리나라 최초의 국가 고조선부터 고구려·백제·신라는 물론이고 삼한·부여·가야·발해·후삼국에 대해서도 기록했어요. 〈삼국사기〉에서는 다 싣지 못한 옛사람들의 삶이 들어 있어 고대 역사와 문화를 잘 알 수 있지요.

옛이야기의 보물 창고 〈삼국유사〉 속으로 들어가 보아요.

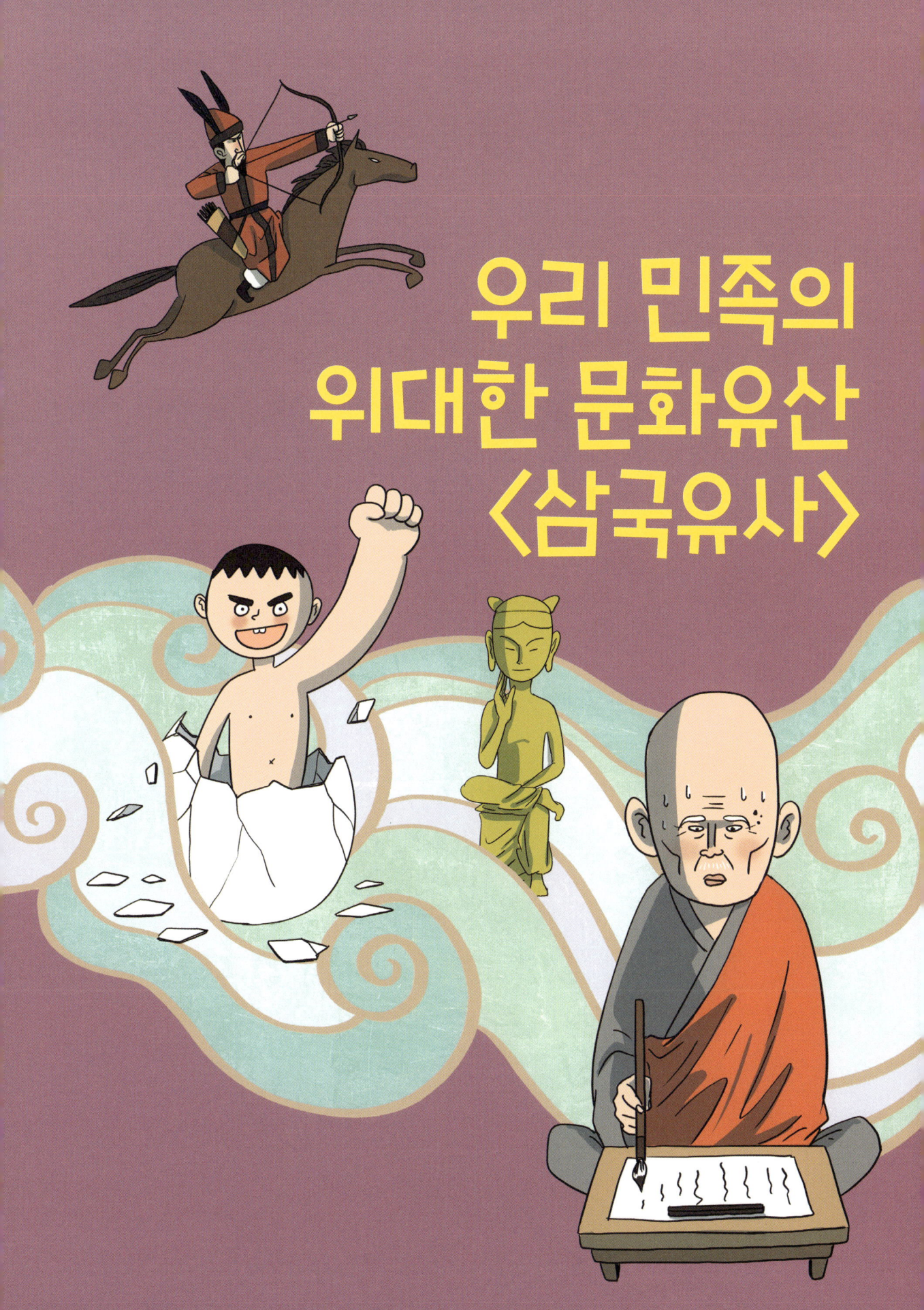

우리 민족의 정신을 기록하다

최초로 단군 신화가 기록되었어요

역사는 과거의 기록이에요. 하지만 과거의 모든 일이 역사에 기록되는 것은 아니에요. 역사가의 판단에 따라 기록되기도 하고 빠지기도 하지요. '유사'는 '남겨진 이야기'라는 뜻이에요. 〈삼국유사〉는 특히 나라에서 공식적으로 만들었던 역사책인 〈삼국사기〉에서 빠졌거나 중요하게 다루지 않았던 남겨진 이야기들을 많이 볼 수 있어요.

우리 민족의 위대한 문화유산 〈삼국유사〉

그중 단군 신화는 우리 민족의 기원을 밝히고 있어요. 하늘의 자손인 단군왕검이 우리나라 최초의 국가, 고조선을 세웠다는 이야기지요. 고조선은 고구려, 백제, 신라, 가야 등으로 나뉘었다가 다시 하나의 국가 고려로 합쳐졌어요. 고려는 조선으로, 조선은 일제 강점기를 거쳐 오늘날 우리가 사는 대한민국으로 이어졌지요. 이처럼 우리 민족의 뿌리를 알 수 있는 단군 신화는 〈삼국유사〉에 최초로 기록되었답니다.

수천 년 전 우리 민족의 생활과 문화를 알 수 있어요

〈삼국유사〉는 우리 조상들이 살았던 이야기를 생생하게 담고 있어요. 먼저 책을 쓸 때 인용했던 수백 권의 책 이름과 자료들이 기록되어 있어 당시에 어떤 책과 문헌 들이 있었는지 알 수 있어요. 특히 중국 기록보다 우리나라 책과 직접 수집한 자료 들을 더 많이 인용하여 우리 민족 본연의 모습을 살펴 볼 수 있지요. 그리고 거서간, 마립간, 이사금처럼 옛날 호칭을 표기하여 당시의 언어생활을 이해할 수 있어요.

우리 민족의 위대한 문화유산 〈삼국유사〉

〈삼국유사〉에서 특별한 점은 다른 책에서는 찾아보기 힘든 향가 14수가 실려 있다는 것이에요. 이 향가 14수는 우리나라 고대 문학을 연구하는 중요한 자료이지요. 향가는 신라 사람들이 지어 부르던 노래로, 당시 사람들의 마음과 생각이 잘 나타나 있어요. 또, 〈삼국유사〉에는 사물의 형태나 기원을 알려 주는 설화, 지명의 유래나 전설, 여러 관습과 제사에 관한 기록 그리고 다양한 사람들의 일상이 실려 있어 고대의 생활과 문화를 짐작할 수 있답니다.

나라의 고난 속에서 탄생한 〈삼국유사〉

〈삼국유사〉는 승려 일연이 썼어요

〈삼국유사〉는 고려 말, 승려 일연이 쓴 역사책이에요. 일연은 1206년 경상도 경산에서 태어났어요. 이름은 견명이었지요. 아홉 살에 광주 무량사에 들어가 공부를 시작했고, 열네 살에 강원도 진전사에서 승려가 되었어요. 스물두 살에는 승과 시험에 합격했지만 속세를 떠나 숨어 살면서 수행에 온 힘을 쏟았어요. 그러다가 마흔네 살에 남해에 있는 정림사의 주지가 되어 세상에 모습을 드러냈지요. 이때부터 일연은 나라의 주요한 불교 일을 맡으며 활발하게 활동했어요.

때가 되면 속세에서 큰일을 해야지.

우리 민족의 위대한 문화유산 〈삼국유사〉

팔만대장경을 만드는 일에 참여했고, 오어사와 인흥사 등에서 부처의 말씀을 전하는 한편, 역사책을 쓰기 위해 다양한 이야기와 자료 들을 정성 들여 수집했어요. 그리고 1277년부터 청도의 운문사에 머물면서 〈삼국유사〉를 쓰기 시작했어요. 일연은 〈삼국유사〉를 완성하고 1289년, 여든네 살에 세상을 떠났지요. 그후 1310년대에 제자 무극이 〈삼국유사〉를 펴냈어요.

몽골의 침략 속에서 우리 것을 찾으려 노력했어요

일연이 〈삼국유사〉를 쓴 것은 몽골 전쟁을 겪고 난 뒤였어요. 몽골군은 고려에 일곱 번이나 쳐들어왔어요. 전쟁은 비참하고 끔찍했어요. 몽골군이 지나가고 나면 주위가 온통 잿더미로 변하고 시체가 산을 이루었지요. 일연은 혼란에 빠진 나라와 백성들을 보고 희망이 필요하다고 생각했어요. 그래서 젊은 시절부터 정성 들여 모은 이야기, 직접 보고 들은 이야기, 주변 사람들이 살아가는 이야기 등을 바탕으로 공들여 〈삼국유사〉를 썼어요.

우리 민족의 위대한 문화유산 〈삼국유사〉

〈삼국유사〉에는 고구려, 백제, 신라를 비롯한 고대 국가의 사람들이 울고 웃고 싸우고 절망하면서도 꿋꿋하게 살아가는 이야기가 담겨 있어요. 말을 키우던 주몽은 나라를 세웠고, 바다에서 미역을 따던 연오랑은 일본으로 건너가 왕이 되었어요. 마를 캐던 서동은 이웃 나라 공주를 만났고, 종살이하던 여자가 부처가 되는가 하면, 큰스님이 자만에 빠져 눈앞에서 부처를 놓치기도 했어요. 모두 우리 조상들만의 독특하면서도 신기한 이야기들이랍니다.

인각사 보각 국사 비
일연의 업적을 기록해 놓은 비석

우리나라에서 가장 오래된 역사 이야기책

〈삼국유사〉는 어떻게 구성되었을까요?

〈삼국유사〉는 모두 5권 9편으로 구성되어 있어요. 5권을 내용에 따라 나누면 1~2권은 역사를, 3~5권은 불교 이야기를 주로 담고 있어요. 9편은 순서대로 왕력, 기이, 흥법, 탑상, 의해, 신주, 감통, 피은, 효선이 있어요. '왕력' 편은 삼국과 가야, 후삼국의 연표 및 역대 왕에 관한 이야기가 담겼어요. '기이' 편은 1과 2로 나뉘는데, '기이1'은 고조선·삼한·부여·고구려·신라 등 고대 국가의 역사와 건국 신화 등이 담겼지요.

우리 민족의 위대한 문화유산 〈삼국유사〉

'기이2'는 통일 신라 시대 왕들의 신기한 이야기와 백제, 가야, 후백제 등의 역사가 담겼어요. '흥법' 편은 불교 전래와 고승들의 이야기, '탑상' 편은 절의 역사와 탑과 불상의 유래가 담겼어요. '의해' 편은 원광, 자장, 원효 같은 이름난 승려들의 설화, '신주' 편은 승려들이 일으킨 신기한 일이 담겼지요. '감통' 편은 승려와 신도들의 특별한 체험, '피은' 편은 은둔하며 도를 닦은 승려들의 생활, '효선' 편은 효도에 관한 이야기가 담겨 있어요.

건국 신화로 우리의 뿌리를 알 수 있어요

신화에는 역사적인 일들이 압축되어 있어요. 특히 나라를 세운 영웅들의 업적을 담은 건국 신화는 나라의 기원, 시조, 건국 등 역사의 뿌리를 알 수 있는 중요한 단서가 되지요.

〈삼국유사〉에 담긴 우리나라 건국 신화들에는 하나로 연결되는 공통점이 있어요. 바로 하늘이 내린 한 민족이라는 것이에요.

난 환웅의 아들. 내가 1등!

우리 민족의 위대한 문화유산 〈삼국유사〉

신화에 따르면 고조선을 세운 단군왕검은 하늘에서 내려온 환웅의 아들이에요. 단군왕검의 할아버지는 하늘을 다스리는 환인이고요. 고구려를 건국한 주몽의 아버지는 천제의 아들 해모수예요. 천제는 '하늘을 다스리는 제왕'이라는 뜻이지요. 그리고 신라를 세운 혁거세는 하늘이 내린 알에서 태어났어요. 하나같이 하늘에서 내려온 신비로운 존재가 나라를 세웠답니다.

난 천제의 자손!

고구려

난 하늘이 내린 알에서 태어났지!

신라

역사책이면서 이야기책이에요

〈삼국유사〉는 한마디로 정의하기 힘들 만큼 다양한 특징을 지닌 책이에요. 먼저 〈삼국유사〉는 역사책이에요. 신라를 중심으로 우리나라 고대의 역사를 담고 있지요. 그리고 불교와 불교 미술 책이기도 해요. 불교가 처음 우리나라에 들어온 이야기, 승려와 절과 탑 등 불교 관련 이야기가 많이 들어 있거든요. 특히 '탑상' 편에 실린 탑, 불상, 사원 건축에 관한 기록은 한국 고대 미술의 중심을 이루고 있지요.

우리 민족의 위대한 문화유산 〈삼국유사〉

〈삼국유사〉는 옛이야기를 모아 놓은 이야기책이기도 해요. 오랜 세월 입에서 입으로 전해져 내려오던 우리나라의 신화, 전설, 민담 등을 모아 엮었어요. 또한 문학 작품이기도 해요. 신라 사람들의 향가는 뛰어난 문학 작품일 뿐만 아니라 우리말이 어떻게 기록되었는지를 알려 주는 좋은 자료이지요. 그 밖에도 〈삼국유사〉에는 지리, 민속, 사상 등 일연은 수많은 자료와 이야기를 보며 고르고 골라 〈삼국유사〉에 담았답니다.

<삼국유사>와 함께 읽으면 더 좋은 <삼국사기>

<삼국사기>는 어떤 책일까요?

<삼국사기>는 현재까지 전해 오는 우리나라 역사책 중에서 가장 오래된 역사책이에요. 1145년 고려 인종 때 왕의 명령에 따라 김부식이 열 명의 관리들과 함께 편찬했어요. 김부식은 머리말에 '글을 아는 사람도 우리나라의 역사를 잘 모르는 현실이 안타까워 <삼국사기>를 펴낸다.'라고 적었어요. 김부식은 중국 자료에 의존하면서도 우리나라 자료와 비교하여 더 정확한 사실을 기록하려고 노력했어요.

우리 민족의 위대한 문화유산 〈삼국유사〉

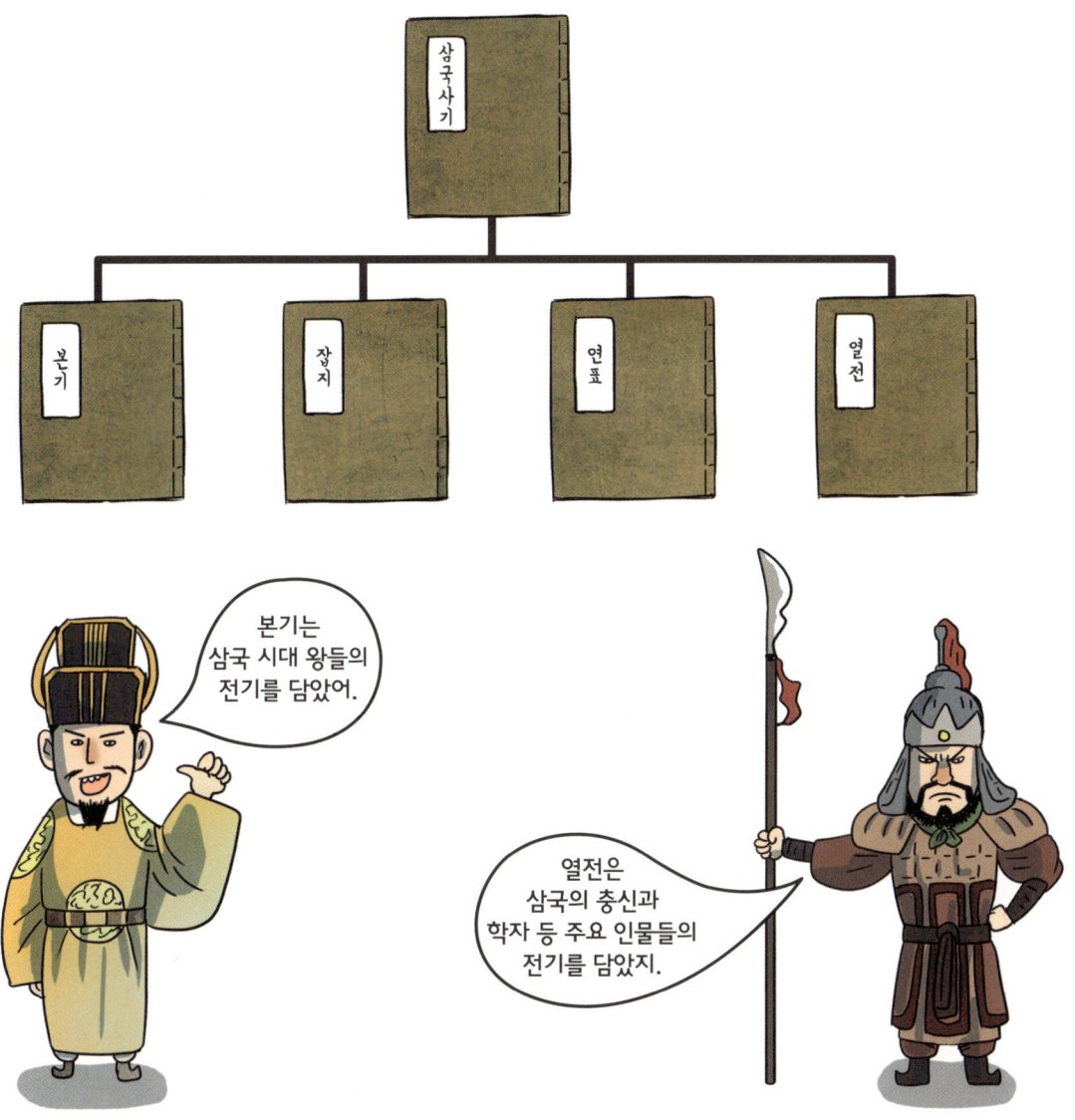

〈삼국사기〉는 왕의 일을 적은 '본기'와 여러 가지 제도에 대해 적은 '잡지', 과거에 일어난 일을 순서에 맞춰 표로 정리한 '연표', 장군이나 학자, 충신과 같은 중요한 인물에 대해 적은 '열전'으로 이루어져 있어요. 그리고 〈삼국사기〉는 삼국 중 신라의 역사를 가장 자세히 적었어요. 신라가 삼국을 통일했고 고구려와 백제의 기록이 부족했기 때문이었지요.

〈삼국유사〉와 〈삼국사기〉는 어떻게 다를까요?

〈삼국유사〉와 〈삼국사기〉는 고려 때 쓰인 역사책이에요. 둘 다 삼국을 다루고 있지만 여러 가지 차이점이 있어요.

첫째, 〈삼국사기〉는 김부식과 열 명의 사관이 함께 만들었어요. 왕의 명령으로 만든 책이기 때문에 책을 만드는 원칙을 세우고 형식을 갖춰 썼어요. 그와 달리 〈삼국유사〉는 일연 개인이 쓴 역사책이에요. 그래서 형식이 자유롭고 지은이의 의견이 많이 들어가 있어요.

둘째, 김부식은 유학자여서 〈삼국사기〉를 쓸 때 공자의 가르침에 따라 충과 효를 중요하게 다루었어요. 반면에 〈삼국유사〉를 쓴 일연은 승려였기 때문에 불교와 관련한 신비한 일들을 주로 기록했어요.

셋째, 우리나라의 시작을 〈삼국사기〉는 기원전 57년 박혁거세가 태어났던 때로 보았어요. 그러나 〈삼국유사〉는 기원전 2000여 년경 고조선의 단군왕검이 아사달에 도읍을 정한 때로 보았지요.

〈삼국유사〉와 〈삼국사기〉는 함께 읽으면 더 좋아요!

〈삼국사기〉와 〈삼국유사〉는 같은 시대를 다루지만 다른 내용이 많아서 비교하며 읽는 재미가 있어요.

첫째, 〈삼국사기〉는 신라가 가장 먼저 건국되었고, 그다음에 고구려, 백제가 건국되었다고 했어요. 그러나 〈삼국유사〉를 보면 우리나라 최초의 국가는 고조선이고, 다음으로 고구려, 백제, 신라의 순서로 건국되었어요.

우리 민족의 위대한 문화유산 〈삼국유사〉

둘째, 〈삼국유사〉에는 〈삼국사기〉에서 빠진 가야와 발해의 역사가 기록되어 있어요. 특히 가야의 역사가 담긴 〈가락국기〉*는 〈삼국유사〉에 남아 있는 기록이 유일해요.

셋째, 〈삼국유사〉에는 〈삼국사기〉에서 소홀하게 다룬 우리나라의 풍속, 전설, 민담, 노래 등이 풍부하게 실려 있어요. 그래서 그 당시 사람들의 생활을 그려 볼 수 있지요.

★〈가락국기〉 고려 문종 때 편찬된 가락국(가야)의 역사책이에요. 수로왕의 건국 신화와 금관가야에 관한 내용이 담겨 있는데, 오늘날 전해지는 것은 〈삼국유사〉에서만 그 내용을 찾아볼 수 있어요.

삼국유사 배움터

먼 옛날 통치자들에 관한 기이한 이야기

〈삼국유사〉의 '기이' 편을 보면 먼 옛날 통치자들에게는 현실에서 일어날 수 없는 다양한 설화들이 전해져요. 하늘에서 내려온 환웅의 아들 단군, 알에서 태어난 주몽과 박혁거세 등 나라를 세운 시조들의 이야기가 그러하지요. 일연은 고대 중국 시조들의 설화에서도 그 예를 찾았어요.

전설상의 제왕, 제곡에게는 4명의 부인이 있었어요. 그중 첫째 부인인 강원은 거인의 발자국을 밟고 주나라의 시조 기를 낳았고 둘째 부인 간적은 제비알을 삼키고 은나라의 시조 설을 낳았지요.

일연은 〈삼국유사〉 첫머리에 이러한 기이한 이야기를 담은 '기이' 편을 싣는 까닭을 밝혔어요. 대대로 왕들이 나라를 세울 때는 보통 사람들이 할 수 없는 일이 일어났고, 하늘의 명령을 받았다는 증거가 나타나기도 했으며, 앞날을 내다보는 예언서를 받기도 했어요. 그런 뛰어난 능력으로 큰 변화를 일으켜 왕의 지위를 얻고 나라를 세우는 큰일을 이루어냈지요. 즉 기이 편을 첫머리에 실은 것은 왕들이 모두 신비하고 기이한 데서 나온 것이 하늘의 뜻을 잇는 특별한 일이자, 우리 민족의 뿌리와 자부심임을 강조한 것이랍니다.

나라를 세운다는 건 다 하늘의 뜻인 거야.

삼국유사 놀이터

〈삼국유사〉와 〈삼국사기〉는 삼국의 역사를 기록했다는 공통점도 있지만 차이점도 많지요. 아래 그림들을 비교해 보면서 〈삼국유사〉에 알맞은 그림을 찾아 ○해 보세요.

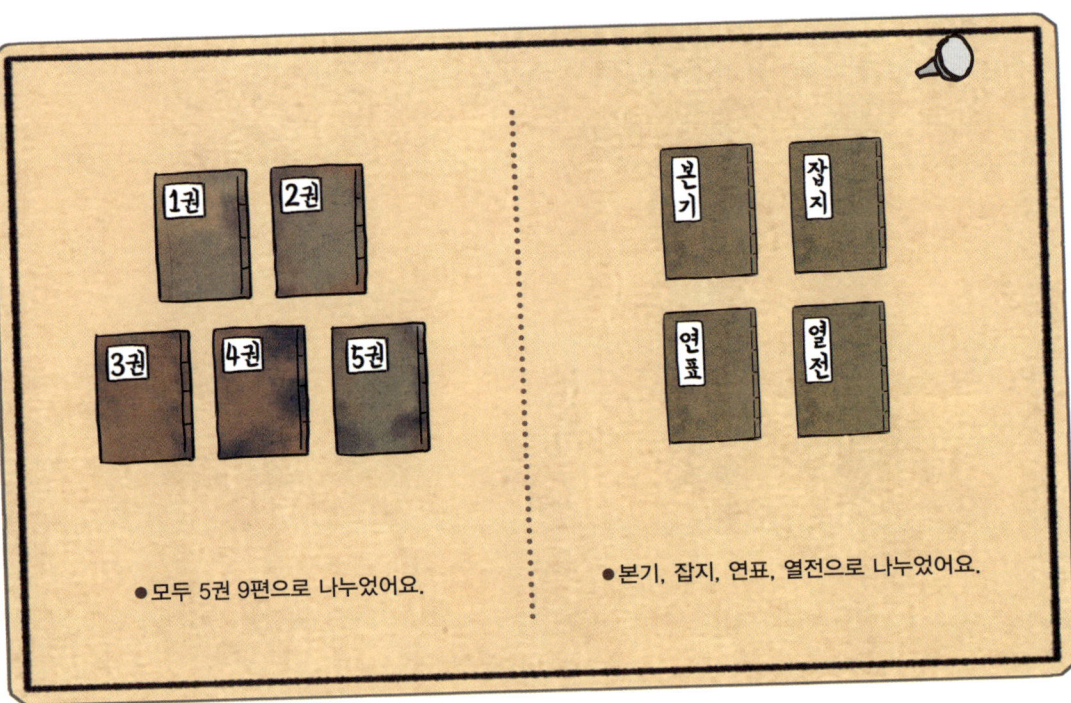

- 모두 5권 9편으로 나누었어요.
- 본기, 잡지, 연표, 열전으로 나누었어요.

- 유교를 바탕으로 기록했어요.
- 불교를 바탕으로 기록했어요.

- 고조선을 우리 역사의 시작으로 보았어요.
- 신라를 우리 역사의 시작으로 보았어요.

- 한 명이 형식에 얽매이지 않고 자유롭게 썼어요.
- 여러 명의 학자가 원칙에 따라 체계적으로 썼어요.

단군왕검은 평양성에 도읍을 정하고 우리나라 최초의 국가 고조선을 세웠어요.

그 뒤 고조선은 한나라에 멸망하기까지 2천여 년 동안 이어졌지요.

준왕 때는 연나라 사람 위만이 망명했어요. 점차 세력을 넓힌 위만은 준왕을 배반하고

고조선의 왕이 되었어요. 이후 고조선은 위만의 손자 우거왕 때 한나라와 오랜 전쟁 끝에

멸망하고 말았어요.

지금부터 뿌리 깊은 고조선의 역사를 자세히 알아보아요.

이 땅에 첫 나라가 세워지다

우리나라의 첫 나라, 고조선

환웅이 태백산으로 내려왔어요

옛날에 하늘나라를 다스리던 환인에게 환웅이라는 아들이 있었어요. 환웅은 하늘 아래 펼쳐진 인간 세상에 관심이 많았어요. 언젠가는 인간 세상에서 사람들을 다스려 보고 싶다는 뜻을 품었지요. 환인은 아들의 뜻을 알고 환웅을 인간 세상에 내려보내기로 했어요. 그리고 태백산이 높은 산봉우리 세 개가 우뚝 솟아 있고, 산과 땅의 모습이 매우 아름다워 사람들을 널리 다스릴 만한 곳이라며 점찍었어요.

아~ 인간 세상은 참 아름다워!

이 땅에 첫 나라가 세워지다

환인은 하늘나라에서 왔다는 징표로 거울, 칼, 방울을 환웅에게 주었어요. 이 징표를 '천부인'이라고 해요. 환웅은 천부인과 인간 세상을 다스리는 데 필요한 무리 삼천 명을 거느리고 태백산 꼭대기에 있는 신단수 아래로 내려와 처음 세운 곳을 '신시'라고 이름 지었어요. 환웅은 바람의 신, 비의 신, 구름의 신을 거느리고 곡식, 생명, 질병, 형벌, 선악 등 인간 세상에서 벌어지는 일을 직접 챙기면서 사람들을 다스리기 시작했어요.

곰이 웅녀가 되었어요

태백산에는 곰 한 마리와 호랑이 한 마리가 같은 동굴에서 살고 있었어요. 곰과 호랑이는 환웅에게 사람이 되게 해 달라고 빌었어요. 환웅은 신령한 쑥 한 다발과 마늘 스무 개를 주면서 이것을 먹고 백 일 동안 햇빛을 보지 않으면 사람이 될 수 있다고 말했어요.

곰과 호랑이는 좋아하며 쑥과 마늘을 먹기 시작했어요. 그러나 호랑이는 참지 못하고 동굴 밖으로 뛰쳐나가 사람이 되지 못했어요.

이 쑥과 마늘을 먹으면 사람이 될 것이다.

맛없는데….

곰은 쑥과 마늘만 먹으며 환웅의 말에 따랐고, 결국 여자가 되었어요.
이 여자를 '곰의 여인'이란 뜻으로 웅녀라고 불렀어요. 웅녀는 결혼할 짝이
없어서 날마다 신단수 아래에서 아이를 가질 수 있게 해 달라고 빌었어요.
이것을 지켜보던 환웅이 웅녀와 결혼했어요. 웅녀는 임신하여 아들을
낳았고, 이 아들이 바로 우리 민족의 시조 단군왕검이에요.

단군왕검이 고조선을 세웠어요

세월이 흘러 단군왕검은 평양성에 도읍을 정하고, 나라 이름을 고조선이라고 했어요. 이후 도읍을 백악산 아사달로 옮겨 이곳에서 1,500년 동안 나라를 다스렸어요. 아사달은 다른 이름으로 궁홀산 혹은 금미달이라고도 불렸어요.

◆ 실제 단군은 통치자를 뜻하는 말로, 1,500년 동안 여러 명의 단군이 고조선을 다스린 것으로 추정돼요.

이 땅에 첫 나라가 세워지다

한편 당시 중국은 무왕이 주나라를 다스리던 때였어요. 무왕은 은나라를 멸망시키고 왕위에 오르자, 은나라의 후예인 기자를 고조선의 왕으로 삼았어요. 이에 단군은 황해도의 장당경이라는 곳으로 도읍을 옮겼어요. 나중에 아사달로 돌아왔지만 숨어 살면서 산신이 되었지요. 이때 단군왕검의 나이는 무려 1908세였다고 해요.

◆ 기자가 고조선에 와서 기자 조선을 세웠다고 전해지기도 하지만, 전설로만 전해져요.

43

중국에 대항한 위만 조선

연나라 사람 위만이 고조선의 왕이 되었어요

주나라의 뒤를 이은 연나라는 이웃 나라 고조선을 처음으로 침략하여 땅을 빼앗고, 관리를 두어 성을 쌓았어요. 진나라가 연나라를 멸망시킨 뒤에 고조선은 요동 외곽 지역에 소속되었지요. 그러나 한나라가 진나라를 멸망시키고 패수★를 경계로 고조선을 다시 연나라에 소속시켰어요.

★**패수** 요동과 경계를 이루던 강이에요.

이 땅에 첫 나라가 세워지다

"위만은 믿을 만하지."

고조선

당시 한나라 왕 고조가
장수 노관을 연나라 왕으로 삼았는데, 노관이 한나라를
배반하고 흉노의 나라로 들어갔어요. 이때 연나라 사람 위만이
1천여 명의 무리를 이끌고 고조선으로 들어왔지요. 고조선을 다스리던
준왕은 위만을 믿고 관직을 주며 대우했어요. 그러나 위만은 성을 빠져나와
차츰 고조선과 옛날 연나라와 제나라에서 들어온 사람들을 다스려 나갔어요.
그러다가 준왕을 몰아내고 왕이 되어
도읍을 왕검성으로 정했어요.

"믿다가 큰코다칠 텐데."

45

위만의 손자 우거가 왕위를 이었어요

위만은 막강한 군사력으로 진번과 임둔 등 주변의 부족 국가들을 항복시켰어요. 고조선의 영토는 사방이 수천 리에 이를 정도로 커졌지요. 이후 왕위는 위만의 아들을 거쳐 손자 우거에 이르렀어요. 우거왕 때 부족 국가 진번과 진국이 한나라 왕 무제를 만나려고 했어요. 그러나 우거왕이 가지 못하게 길을 가로막았어요.

이 땅에 첫 나라가 세워지다

한나라 무제가 사신 섭하를 보내 우거왕을 달랬어요. 하지만 우거왕은 끝내 말을 듣지 않았어요. 그대로 돌아갈 수 없었던 섭하는 엄청난 일을 벌였어요. 수레를 몰던 마부를 시켜 고조선의 비왕* 장을 죽인 거예요. 섭하는 일을 마친 즉시 무제에게 돌아가 그동안 있었던 일을 보고했어요. 보고를 받은 무제는 섭하에게 요동 동부도위라는 벼슬을 내렸어요.

★**비왕** 고조선 때 왕을 섬기던 관리 중 가장 높은 벼슬이에요.

한나라가 고조선을 공격했어요

우거왕은 비왕 장을 죽인 원수 섭하를 가만둘 수 없었어요. 호시탐탐 기회를 노리다가 갑자기 쳐들어가 섭하를 없앴어요. 그러자 한나라 무제가 기다렸다는 듯이 군사를 일으켰어요. 무제는 누선장군 양복에게 5만 명의 군사를 내어 주고 황해를 건너 고조선을 공격하게 했지요. 또, 좌장군 순체에게 요동으로 나와 우거왕을 공격하게 했어요.

이 땅에 첫 나라가 세워지다

누선장군이 선발대 7천 명을 거느리고 먼저 왕검성에 도착했어요. 우거왕은 성을 지키고 있다가 누선장군의 선발대가 적은 것을 알고는 즉시 공격을 퍼부었어요. 갑작스러운 공격에 누선장군의 군사들이 도망쳤어요. 누선장군은 군사들을 잃고 산속으로 도망가서 겨우 목숨을 건졌어요. 게다가 좌장군 역시 요동 전투에서 지고 말았지요. 두 장군이 패배를 거듭하자, 한나라 무제는 대규모 병력과 함께 사신을 보내 우거왕을 달랬어요.

태자가 군사를 이끌고 되돌아왔어요

우거왕은 한나라를 상대로 잘 싸웠지만 이길 수 없다는 것을 알았어요. 그래서 항복을 요청하고, 태자를 보내 말을 바치겠다고 약속했어요. 말을 바치기 위해 길을 떠난 태자는 무장한 군사 1만여 명을 이끌고 패수에 이르렀어요. 이 모습을 본 한나라의 사신과 좌장군은 군사들의 반란이 걱정되어 태자에게 무기를 버리라고 말했어요.

이 땅에 첫 나라가 세워지다

태자는 사신과 좌장군을 믿을 수 없어 그대로 군사를 이끌고 되돌아갔어요. 한나라 무제가 이 일을 보고받고 불같이 화를 내며 사신의 목을 베어 버리고 공격을 명령했어요. 좌장군은 왕검성 아래에 이르러 서북쪽을 에워쌌고, 누선장군도 군사를 수습하여 왕검성 남쪽에 주둔했어요. 우거왕은 성문을 굳게 지켰고, 왕검성은 쉽게 무너지지 않았어요. 몇 달이 지나도 전쟁은 끝나지 않았지요.

우거왕이 살해되고 고조선이 무너졌어요

한나라 무제가 결단을 내렸어요. 공손수에게 공격을 명령하고, 모든 권한을 주었어요. 공손수는 고조선에 도착하자마자 누선장군을 포박해 한나라로 보내고, 군사를 합쳐서 좌장군과 함께 급히 고조선을 공격했어요. 고조선의 관리 노인, 한도, 참과 장군 왕협은 한나라에 항복하자고 했어요. 하지만 우거왕이 듣지 않자 노인, 한도, 왕협은 도망쳐서 한나라에 항복했어요.

이 땅에 첫 나라가 세워지다

다음 해 여름, 참이 사람을 시켜 우거왕을 죽이고 한나라에 항복했어요. 그러나 왕검성은 무너지지 않았어요. 고조선의 대신 성기가 성안 사람들을 지휘하며 왕검성을 지켰기 때문이었지요. 하지만 좌장군이 우거왕의 아들 장과 노인의 아들 최를 시켜 백성들을 달래고 성기를 죽였어요. 결국 고조선은 무너지고 말았지요.

삼국유사 배움터

위만은 어느 나라 사람일까?

위만 조선은 중국 연나라에서 온 위만이 세웠어요. 위만이 연나라에서 왔기 때문에 중국 사람으로 생각할 수 있어요. 하지만 위만은 중국 사람이 아니라 우리 민족일 가능성이 크답니다. 그 이유는 위만과 함께 고조선으로 온 사람들은 상투를 틀고 흰옷을 입었기 때문이에요. 중국 사람들은 상투를 틀지 않았거든요. 상투와 흰옷은 우리 민족을 대표하는 상징이지요. 이것만 보아도 위만은 중국 사람이 아니라, 중국 지역에 살고 있던 우리 민족이고, 고조선 땅으로 들어왔다는 것을 짐작할 수 있어요.

또한 위만은 고조선의 준왕을 몰아내고 새 나라를 세웠지만, 나라 이름을 바꾸지 않고 그대로 사용했어요. 준왕을 모셨던 신하를 높은 관직에 두기도 했고요. 오래전부터 고조선에서 살아온 토착민 중에 높은 지위에 오른 사람도 상당히 많았어요.
이러한 사실을 종합해 보았을 때, 위만은 중국 사람이 아니고 단군 조선을 계승하여 발전시킨 우리 민족이라는 것을 짐작할 수 있답니다.

남쪽에 세워진 삼한

한반도 남쪽에 마한, 진한, 변한이 세워졌어요

위만에게 쫓겨난 고조선의 준왕은 어떻게 되었을까요? 준왕은 가까운 사람들을 이끌고 남쪽으로 가서 나라를 세우고 마한이라고 했어요. 그리고 위만 조선이 멸망하자 많은 고조선 사람이 남쪽으로 내려왔어요.

이 땅에 첫 나라가 세워지다

준왕을 비롯한 고조선의 유민들은 남쪽의 작은 나라들을 차지하여 마한, 변한, 진한이라는 나라로 발전시켰어요. 마한은 서쪽의 54개 나라를, 진한과 변한은 동쪽과 남쪽에 각각 12개 나라를 차지했어요. 이 세 나라를 합쳐서 삼한이라고 불러요. 삼한은 훗날 백제, 신라, 가야로 발전했어요.

★**유민** 떠돌아다니는 백성들을 말해요.

삼국유사 배움터

고조선의 뒤를 이은 고대 국가들

고조선 멸망 후에 한나라는 고조선에 낙랑군·임둔군·진번군·현도군이라는 네 개의 행정 구역을 두어 다스렸어요. 한나라의 지배를 피해 고조선 사람들은 곳곳으로 흩어져 부여, 옥저, 동예, 삼한을 세웠지요.
고조선에 이어 우리 민족이 두 번째로 세운 나라는 부여예요. 부여는 고조선 위쪽 만주 땅 너른 벌판에 세워졌는데, 고조선이 멸망할 무렵에는 만주 일대에서 가장 힘센 나라가 되었어요. 중국과도 활발하게 교류했고, 훗날 고구려로 계승되었어요. 부여는 12월마다 '영고'라는 제천 행사를 지냈어요. 함경남도 북부에서 두만강 유역 일대에 있던 나라는 옥저예요. 옥저는 주변 큰 나라들의 지배를 받았고, 가족 공동 무덤, 민며느리제라는 특별한 문화가 있었어요. 처음에는 위만 조선에 속했다가 나중에 고구려에 흡수되었지요. 강원도 지역에 있던 나라는 동예예요. 동예는 험한 지역에 세워져서 경계가 심하다 보니 다른 마을을 침범하는 사람은 노비가 되거나 가축을 내주어야 했지요. 언어와 풍습이 고구려와 비슷했는데, 광개토 대왕 때에 고구려 땅이 되었어요.

한강 남쪽에는 마한, 변한, 진한이 있었는데, 이 세 나라를 합쳐 삼한이라고 했어요. 삼한은 특히 철이 많아 철기 문화가 발달했어요. 철제 농기구와 저수지를 만들어 벼농사도 발달했지요. 훗날 마한은 백제, 진한은 신라, 변한은 가야로 흡수되었답니다.

삼국유사 놀이터

먼 옛날 한반도에는 고조선을 시작으로 여러 나라가 세워졌어요. 오른쪽에 있는 그림과 설명을 보고 각각 어느 나라인지 지도 위에 적어 보세요.

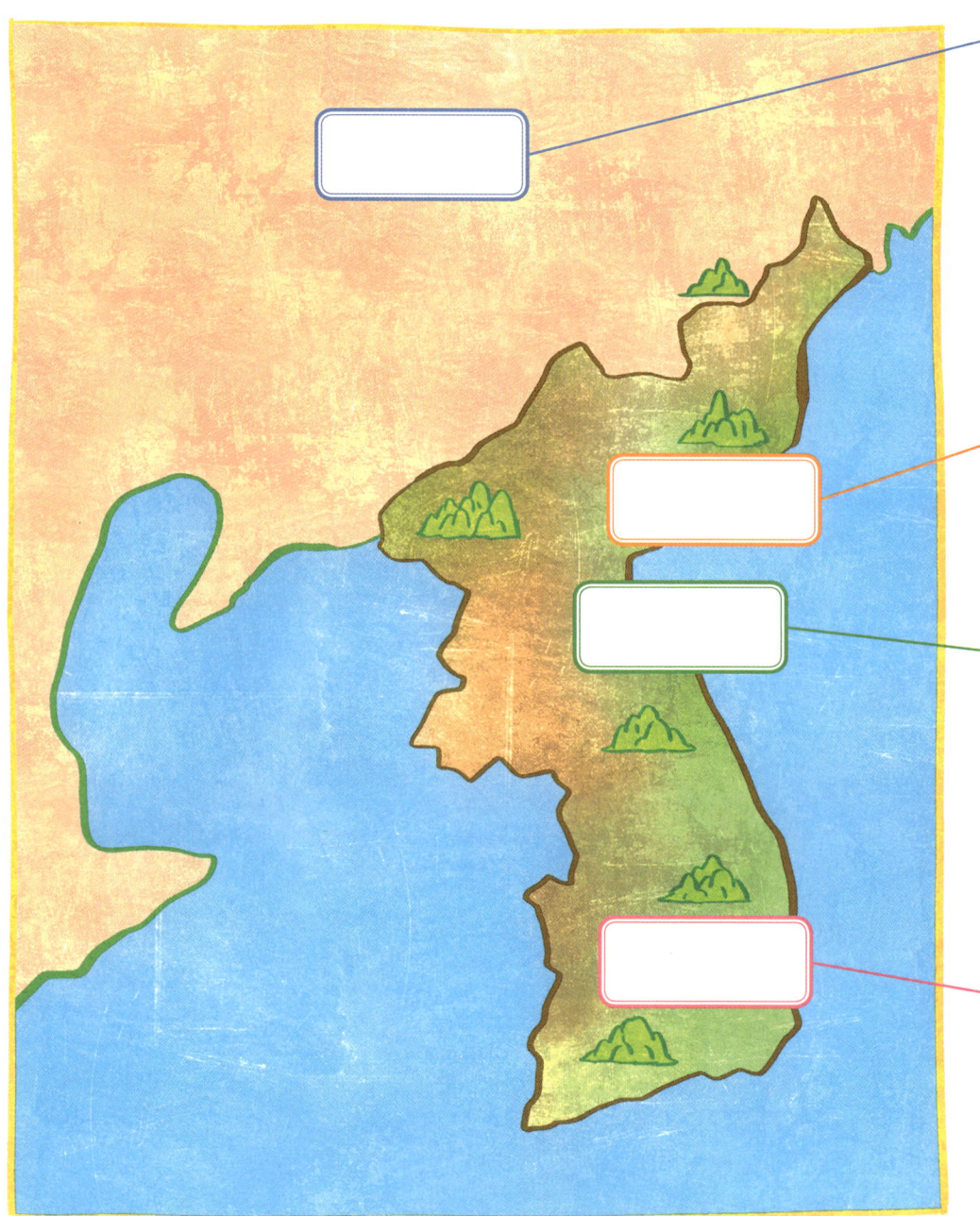

추수가 끝난 12월이면 하늘에 감사함을 담아 '영고'라는 제천 행사를 지냈어요.

신랑의 집에서 결혼을 약속한 여자아이를 데려가서 키운 뒤 며느리로 삼는 민며느리제도가 있었어요.

다른 마을을 침범하면 그 마을의 노비가 되거나 벌금으로 말이나 소를 물어야 했어요.

마한, 진한, 변한을 합쳐서 불러요. 벼농사가 발달했고, 철이 많아 철기 문화가 발달했어요.

열두 살의 나이에 고구려를 세운 주몽은 하늘의 신 해모수의 아들이자, 물의 신 하백의 손자였어요. 여섯 촌장의 추대로 왕위에 오른 신라 시조 박혁거세는 하늘에서 내린 알에서 태어났지요. 그리고 신라 제4대 왕인 탈해왕은 용왕의 아들이었다고 해요.

이처럼 삼국 시대에 나라를 세우고 이끌었던 왕들은 저마다 특별한 존재임을 밝히는 설화를 가지고 있어요. 어떤 신비로운 이야기들이 있는지 알아볼까요?

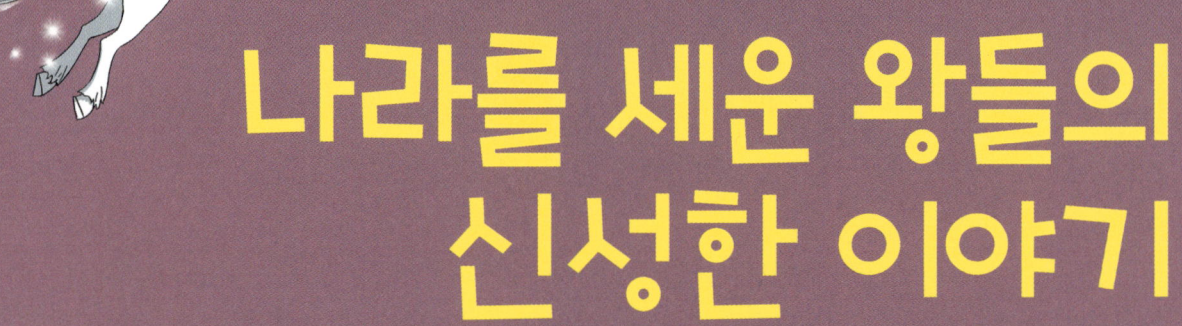

나라를 세운 왕들의 신성한 이야기

고구려와 백제의 뿌리가 된 북부여와 동부여

해모수가 북부여를 세우고, 해부루가 동부여를 세웠어요

기원전 59년 4월, 하늘나라를 다스리는 천제가 다섯 마리의 용이 끄는 수레를 타고 하늘에서 내려왔어요. 천제는 흘승골성에 도읍을 정하고 나라 이름을 북부여라고 했어요. 그리고 스스로 이름을 해모수라고 했어요.

세월이 흘러 해모수는 아들을 낳아 이름을 '해부루'라고 지었어요. 해부루는 해모수의 뒤를 이어 북부여의 왕이 되었어요.

나라를 세운 왕들의 신성한 이야기

어서 동쪽으로 떠나!

해부루가 북부여를 다스리고 있을 때였어요.
어느 날 밤 재상 아란불의 꿈에 천제가 나타나 말했어요.
"여기는 장차 내 자손이 나라를 세울 곳이니 너희는 여기를 떠나라. 동쪽 바닷가에 가섭원이라는 곳이 있는데, 땅이 기름지고 살기 좋으니 도읍으로 정하면 될 것이다."
꿈에서 깬 아란불은 해부루에게 천제의 말을 전했어요.
해부루는 아란불의 꿈 이야기를 듣고 가섭원으로
도읍을 옮겼어요. 그리고 나라 이름을
'동부여'라고 했어요.

해부루가 금와를 얻었어요

동부여의 왕 해부루는 나이가 들어서도 아들이 없었어요. 아들을 구하지 못하면 왕위를 이을 수 없었지요. 어느 날 해부루는 신하들과 함께 산과 하천에 제사를 지내며 아들을 얻게 해 달라고 빌었어요. 그런데 제사를 마치고 돌아오던 길에 해부루가 타고 가던 말이 연못에 있는 큰 돌을 보며 눈물을 흘렸어요. 해부루는 이상한 생각이 들어 사람을 시켜 그 돌을 들추어 보게 했어요.

나라를 세운 왕들의 신성한 이야기

그랬더니 거기에 개구리처럼 생긴 황금빛 남자아이가 있었어요. 해부루는 기뻐하며 말했어요.
"하늘이 나에게 아들을 내려 주셨구나!"
해부루는 아이가 '금개구리'처럼 생겼다고 이름을 '금와'라고 지었어요.
금와가 자라 왕위를 이었고, 금와는 아들 대소에게 왕위를 물려주었어요.
훗날 대소는 고구려 무휼왕 때 나라를 잃었지요.

천제의 자손, 주몽이 세운 고구려

금와왕이 유화를 만났어요

고구려를 세운 동명 성왕은 성이 고씨이고, 이름이 주몽이었어요. 주몽은 졸본에 도읍을 정하고 처음에는 나라 이름을 졸본 부여라고 했어요. 졸본은 북부여 땅으로, 천제가 북부여의 해부루에게 '내 자손이 나라를 세울 것이니 이곳을 떠나라.'라고 했던 곳이에요. 훗날 주몽은 졸본에 고구려를 세웠는데, 천제가 말한 자손이 바로 주몽이었던 것이지요. 주몽이 고구려를 세우기까지 어떤 일이 있었을까요?

나라를 세운 왕들의 신성한 이야기

해부루에 이어 금와왕이 동부여를 다스릴 때였어요.

어느 날 금와왕이 태백산 남쪽 우발수를 지나다가 한 여자를 만났어요. 누구인지 묻자 여자가 대답했어요.

"저는 물의 신 하백의 딸 유화입니다. 동생들과 물 밖으로 놀러 나왔는데 한 남자가 나타났습니다. 남자는 천제의 아들 해모수라고 하면서 저와 사랑을 나누고는 떠나버렸습니다. 부모님께서는 제가 혼인도 하지 않고 낯선 남자를 따라간 것을 알고 노발대발하여 여기로 귀양을 보냈습니다."

유화가 알을 낳았어요

금와왕은 유화의 말을 듣고 이상히 여겨 궁궐로 데려왔어요.
그러고는 빛이 잘 들지 않는 으슥한 방에 가두어 두었어요.
그런데 신기하게도 그 방으로 햇빛이 들어오더니
유화의 몸을 비추었어요. 유화는 햇빛을 피해
이리저리 옮겨 다녔지만 햇빛이 유화를
계속 따라다니며 비추었어요. 그 뒤로
유화의 배가 점점 불러 오더니
열 달이 되자, 엄청 큰 알
하나를 낳았어요.

왜 나만 자꾸 비추는 거야!

나라를 세운 왕들의 신성한 이야기

금와왕은 깜짝 놀라 알을 개와 돼지에게 던져 주었어요. 하지만 개와 돼지들은 그 알을 먹지 않았어요. 이번에는 길가에 버렸는데 소와 말들이 하나같이 피해 다녔지요. 더욱 놀란 금와왕이 이번에는 들판에 버렸어요. 그랬더니 새들이 날아와 날개로 감싸 주고, 짐승들이 달려와 품어 주었어요. 금와왕은 알을 깨뜨려 버리려고 했지만 너무나 단단하여 깨뜨릴 수도 없었어요. 하는 수 없이 유화에게 알을 돌려 주었지요.

금와왕의 아들이 주몽을 시기했어요

유화는 알을 돌려받자, 천으로 부드럽게 감싸 따뜻한 곳에 두었어요. 얼마 지나지 않아 남자아이가 스스로 껍질을 깨뜨리고 알에서 나왔어요. 그런데 아이 모습이 남달랐어요. 골격이 우람하고 재주가 뛰어났어요. 일곱 살 때부터는 스스로 활과 화살을 만들어 쏘았는데, 백 번을 쏘면 백 번을 다 맞추었어요. 아이는 '활 잘 쏘는 사람'이라는 뜻의 '주몽'이라고 불렸지요.

나라를 세운 왕들의 신성한 이야기

한편 금와왕에게는 일곱 명의 아들이 있었어요. 아들들은 항상 주몽과 어울려 놀았어요. 그런데 어느 아들도 주몽의 재주에는 미치지 못했어요. 하루는 큰아들 대소가 금와왕에게 말했어요.

"주몽은 사람의 몸에서 태어난 아이가 아닙니다. 없애 버리지 않으면 나중에 큰일이 생길 것입니다."

왕은 대소의 말을 귀담아듣지 않았어요. 대신 주몽에게 말을 기르게 했지요.

주몽이 몰래 동부여를 떠났어요

주몽은 활쏘기만이 아니라 좋은 말을 알아보고 기르는 재주도 있었어요. 앞날을 내다보며 말을 길렀지요. 우선 좋은 말을 골라 먹이를 적게 주었어요. 그 말은 힘이 세고 날쌨지만 비쩍 말라 볼품이 없었어요. 반대로 늙고 병든 말을 골라 먹이를 많이 주어 살을 찌웠어요. 그 말은 겉보기에는 튼튼해 보였지만 사실 힘이 약했어요. 금와왕은 겉모습만 보고 살찐 말을 골랐어요. 그리고 주몽에게는 비쩍 마른 말을 주었지요.

나라를 세운 왕들의 신성한 이야기

그 무렵 대소는 어떻게든 주몽을 해치려고 동생들과 신하들을 꾀어 음모를 꾸몄어요. 그 사실을 알아챈 어머니 유화가 주몽에게 말했어요.
"대소가 너를 해치려고 하는구나. 네 재주라면 어디에서든 잘 살 수 있을 것이다. 어서 이곳을 떠나거라."
주몽은 어머니 말을 듣고 평소에 자신을 따르던 세 명의 부하들을 데리고 동부여를 몰래 떠났어요.

나를 따르라!

졸본에 도읍을 정하고 고구려를 세웠어요

대소는 주몽이 떠났다는 것을 알고
부하들과 함께 뒤를 쫓기 시작했어요.
주몽은 힘차게 말을 달렸어요.
하지만 강이 앞을 가로막았어요.
주몽은 강물을 향해 큰소리로 외쳤어요.
"나는 천제의 손자이자, 물의 신 하백의 손자다.
지금 나를 죽이려는 자들이 쫓아오고 있다.
내가 어떻게 하면 좋겠는가?"
그러자 수많은 물고기와 자라가
물 위로 올라와 다리를 만들었어요.
주몽 일행은 무사히 강을 건넜지요.
곧 물고기와 자라 들이 물속으로
사라졌고, 대소의 군사들은 추격을
멈췄어요.

하늘이시여!
천제의 자손 주몽을
구해 주소서!

주몽은 북부여의 졸본에 이르러 마침내 도읍을 정했어요. 미처 궁궐을 짓지는 못하고 비류수 강가에 초가집을 지어 살면서 나라 이름을 고구려라고 했어요. 그리고 '고구려'의 '고'를 자신의 성으로 삼았어요. 이때 주몽의 나이는 겨우 열두 살이었지요.

또 하나의 전설

고구려를 세운 동명 성왕에게는 주몽과 비슷하면서도 다른, 또 하나의 이야기가 전해져요.

옛날 해부루왕이 동부여를 다스리고 있을 때였어요. 왕을 모시는 시녀가 아기를 가졌어요. 관상을 보는 사람이 왕에게 시녀의 아이가 왕이 될 아이라고 말했어요.

"이 아이는 내 아들이 아니니 죽여 마땅하다."

왕이 크게 화를 내자, 시녀가 살려 달라고 애원하며 말했어요.

나라를 세운 왕들의 신성한 이야기

"하늘로부터 기운이 뻗쳐 내려와 아이를 가진 것입니다."
왕은 아이를 살려 주었고, 시녀는 무사히 아이를 낳았어요. 하지만 왕은 불안한 마음에 아이를 돼지우리에 버렸어요. 그런데 돼지는 아이를 해치기는커녕 입김을 불어 주었어요. 이번에는 마구간에 버렸어요. 그러자 말이 젖을 먹여 주었지요. 이 아이가 자라서 훗날 고구려의 왕, 동명 성왕이 되었답니다.

알에서 태어난 신라 시조, 혁거세왕

진한 땅에 여섯 마을이 있었어요

삼국 시대 이전에 우리나라에는 여러 작은 나라가 있었어요. 남쪽에는 세 나라 마한, 진한, 변한이 있었지요. 그 가운데 낙동강 동쪽에 자리 잡은 진한에는 여섯 마을인 알천양산촌, 돌산고허촌, 무산대수촌, 취산진지촌, 금산가리촌, 명활산고야촌이 있었어요.

나라를 세운 왕들의 신성한 이야기

여섯 마을에는 각각 마을을 대표하는 촌장이 있었어요. 알천양산촌의 촌장은 알평이고, 돌산고허촌의 촌장은 소벌도리, 무산대수촌의 촌장은 구례마, 취산진지촌의 촌장은 지백호, 금산가리촌의 촌장은 지타, 명활산고야촌의 촌장은 호진이었어요.

촌장들은 모두 하늘에서 내려와 여섯 성씨의 조상이 되었어요. 알평은 이씨, 소벌도리는 정씨, 구례마는 손씨, 지백호는 최씨, 지타는 배씨, 호진은 설씨의 조상이 되었지요.

촌장 회의를 열었어요

여섯 마을 촌장들은 사이가 좋았어요. 무슨 일이든 함께 의논했지요. 기원전 69년 3월 첫째 날이었어요. 여섯 마을의 촌장들이 각자 아들을 데리고 알천 남쪽 언덕 위에 모였어요.

"요즘 마을 사람들이 모두 제멋대로 행동하고 있으니 참으로 걱정입니다."

"백성들을 다스릴 임금이 없기 때문이지요."

촌장들은 나라를 이끌 지도자가 필요하다고 생각했어요.

나라를 세운 왕들의 신성한 이야기

"덕이 있는 사람을 임금으로 모셔 나라를 세우는 게 어떻겠습니까?"
"하지만 갑자기 어디서 임금을 찾는단 말입니까?"
"그럼, 우선 도읍을 정하고 나라를 세운 다음 임금을 찾는 것은 어떨까요?"
"좋습니다."
뜻을 모은 촌장들은 도읍으로 삼을 만한 곳을 찾아 나섰어요. 우선 높은 곳으로 올라가 남쪽을 바라보았지요.

알 속에 남자아이가 앉아 있었어요

양산 아래 나정이라는 우물에 이상한 빛이 땅을 비추었어요. 자세히 살펴보니 흰말 한 마리가 꿇어앉아 무엇인가를 향해 절을 하는 것 같았어요. 마을 촌장들은 서둘러 산 아래로 내려갔어요. 그리고 흰말이 있던 우물가로 갔지요. 흰말은 사람들이 다가서자 '히힝' 길게 울고는 하늘로 올라갔어요. 흰말이 있던 자리에는 자주색의 커다란 알이 하나 놓여 있었어요. 사람들이 고개를 갸웃갸웃하며 알을 살폈어요.

이게 웬 알이란 말인가!

나라를 세운 왕들의 신성한 이야기

잘 키워 주시게.

"이 알은 하늘이 내려 주신 큰 선물임에 틀림이 없습니다.
무엇이 들어 있을까요?"
누군가의 말에 모두 신기해하며 궁금한 마음을 감추지
않았어요. 촌장들은 의견을 모아 조심스럽게 알을
깨뜨렸어요. 그런데 이게 웬일일까요?
알 속에 남자아이가 앉아 있었어요.
단정하고 씩씩한 생김새였지요.

계룡이 왼쪽 옆구리에서 여자아이를 낳았어요

촌장들은 아이를 안고 동쪽 시냇가로 가서 몸을 씻겼어요. 그러자 아이 몸에서 빛이 나기 시작했어요. 그 빛을 따라 새와 짐승 들이 모여들어 노래하고 춤을 추었어요. 하늘과 땅이 진동하고 해와 달이 더욱 밝아졌어요. 그걸 본 사람들은 '밝은 빛으로 세상을 다스린다'라는 뜻으로 이름을 '혁거세'라고 지었어요.

나라를 세운 왕들의 신성한 이야기

알영, 넌 나의 매우 특별한 아이다.

그런데 이상한 일이 또 일어났어요. 사량리에 있는 '알영'이라는 우물가에 닭처럼 생긴 계룡이 나타나 왼쪽 옆구리에서 여자아이를 낳았어요. 여자아이는 매우 아름다웠지만, 입술이 닭 부리처럼 생겨서 보기 흉했어요. 사람들은 아이를 냇가로 데려가 깨끗이 씻겼어요. 그러자 입술에 달려 있던 부리가 떨어지고, 앵두처럼 예쁜 입술이 되었지요. 그 뒤로 사람들은 이 냇가를 '부리가 빠진 냇가'라는 뜻으로 '발천'이라고 불렀어요.

박혁거세는 왕이 되고 알영은 왕비가 되었어요

여섯 마을 촌장과 마을 사람들은 남산 서쪽 기슭에 새로 궁궐을 짓고 성스러운 두 아이를 정성껏 길렀어요. 당시 마을 사람들은 바가지를 박이라고 불렀는데, 혁거세가 박처럼 생긴 둥근 알에서 태어났다고 해서 성을 박씨로 정했어요. 혁거세는 박혁거세가 되었지요. 여자아이는 태어난 우물의 이름을 따서 '알영'이라고 이름 지었고요.

나라를 세운 왕들의 신성한 이야기

두 아이가 자라 열세 살이 되자, 여섯 마을 촌장들은 박혁거세를 왕으로 삼고 알영을 왕비로 삼았어요. 그리고 나라 이름을 서라벌이라고 했어요. 한편에서는 계림국이라고도 했는데, 왕비가 처음에 닭 우물이라는 뜻의 계정에서 태어났고, 계룡이 상서로움을 드러냈기 때문이지요. 그 후로도 여러 번 나라 이름이 바뀌었다가 결국에는 신라로 정해졌어요.

◆ 탈해왕 때 김알지를 발견했을 당시, 숲속에서 닭 우는 소리가 들려서 나라 이름을 계림이라고 했다는 말도 전해져요.

뱀이 장례를 방해했어요

신라를 세운 박혁거세는 61년 동안 나라를 다스리다가 홀연히 하늘로 올라갔어요. 그리고 7일 뒤에 박혁거세의 몸이 땅에 흩어져 떨어졌어요. 이때 왕비도 세상을 떠났지요. 백성들이 몹시 슬퍼하며 두 사람의 시신을 한곳에 장사 지내려고 했어요. 그런데 갑자기 커다란 뱀이 나타나 사람들을 쫓아다니며 장례를 방해했어요.

나라를 세운 왕들의 신성한 이야기

사람들은 하는 수 없이 머리와 팔다리를 제각기 따로따로 나누어 무덤을 다섯 개로 만들었어요. 그래서 무덤 이름이 오릉 혹은 사릉이 되었지요. 오릉은 다섯 무덤이라는 뜻이고, 사릉은 뱀 때문에 생긴 무덤이라는 뜻이에요.
그 후 태자 남해왕이 박혁거세의 뒤를 이어 왕위를 계승했어요.

경주 오릉은 누구의 무덤일까?

뱀의 방해로 다섯 개로 나뉜 박혁거세의 오릉은 현재 경주에 있어요. 그런데 이 오릉이 정말 박혁거세의 무덤일까요?
〈삼국유사〉에 '박혁거세의 다섯 무덤'이라고 기록되어 있는 것과 다르게 〈삼국사기〉에는 신라 초기 '다섯 왕의 무덤'이라고 기록되어 있어요. 이때 다섯 명은 신라 시조 박혁거세와 제2대 임금 남해왕, 제3대 임금 유리왕, 제5대 임금 파사왕 그리고 박혁거세의 왕후 알영 부인을 말하지요.

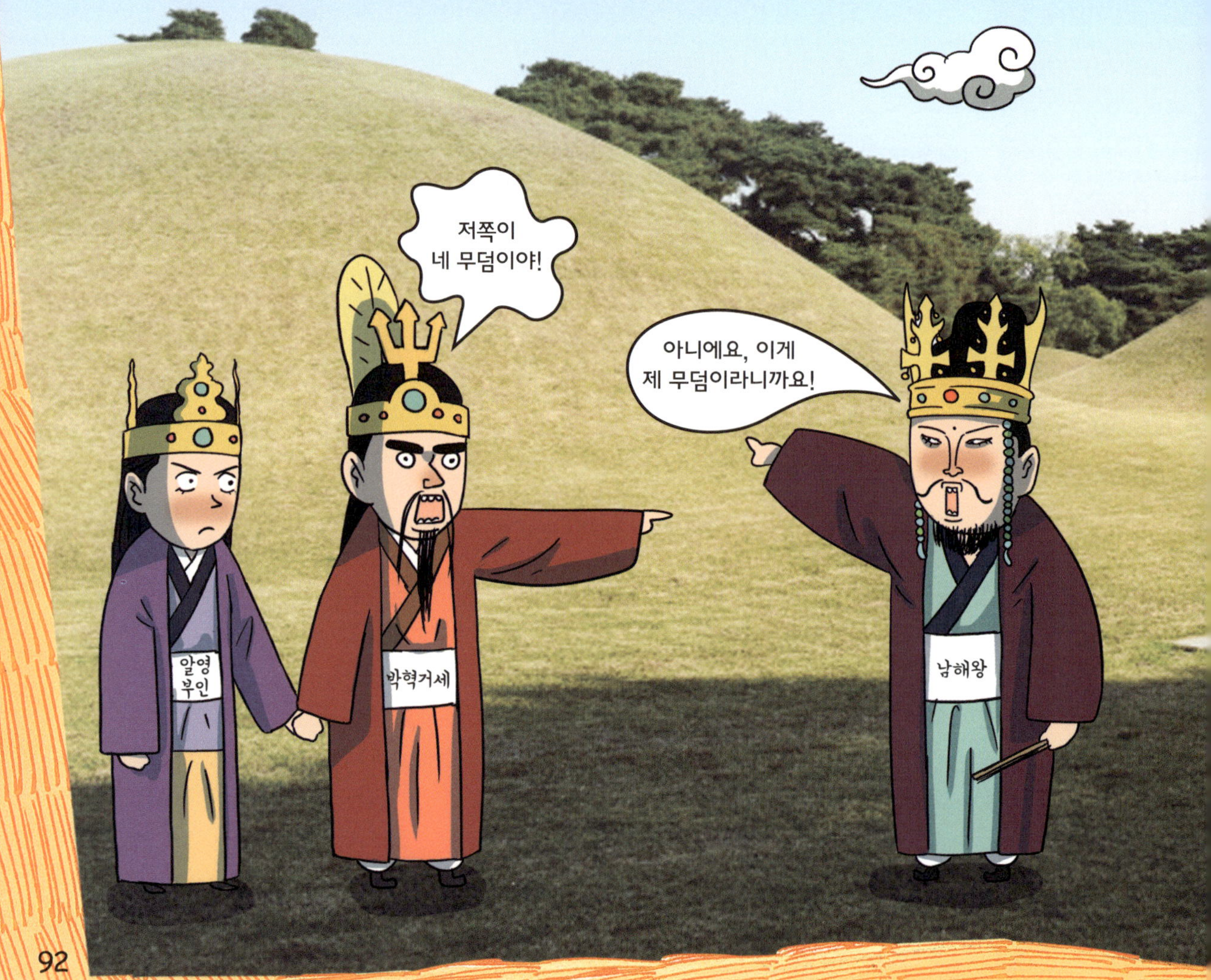

저쪽이 네 무덤이야!

아니에요, 이게 제 무덤이라니까요!

오릉은 크고 작은 무덤 다섯 개가 있는데, 내부가 어떻게 생겼고 각 무덤이 누구의 무덤인지는 정확히 알 수 없어요. 무덤의 겉모습은 둥글게 흙을 쌓아 올린 형태예요. 1호 무덤은 높이가 약 10m로 가장 크고, 2호 무덤은 표주박형으로 봉분이 두 개인 2인용 무덤이에요.

오릉에는 박혁거세에게 제사를 지내는 사당 숭덕전이 있어요. 멀지 않은 거리에 박혁거세가 나왔다는 나정이 있고, 알영 부인이 태어났다는 알영정도 있어요.

누구 무덤인지 뭐 그리 중요해요….

유리왕

파사왕

신라의 유일한 차차웅 남해왕

차차웅이라고 불렀어요

진한에서는 귀한 사람을 일컬어 '거서간' 혹은 '거슬한'이라고 했어요. 이 말이 신라로 이어져 임금을 높여 부르는 말이 되었어요. 박혁거세는 '박혁거세 거서간' 혹은 '박혁거세 거슬한'이라고 불렸지요. 그런데 남해왕은 '남해 차차웅'이라고 불렸어요. 차차웅은 방언으로 무당을 뜻해요. 당시에는 무당이 귀신을 섬기고 제사를 모셨기 때문에 모두가 두려워하고 공경했어요. 이것으로 남해왕이 제사를 모시기도 했다는 것을 짐작할 수 있지요.

덩실 덩실

제사를 지내시는 왕은 남해 차차웅뿐!

나라를 세운 왕들의 신성한 이야기

신라 제3대 왕부터는 왕을 이사금이라고 했어요. 이사금은 잇자국이 많은 왕을 말해요. 이사금에는 '거룩하고 슬기로운 사람은 이가 많다.'라는 뜻이 있어요. 신라에서 이사금으로 불린 왕은 열여섯 명이에요. 제17대 왕부터는 마립간이라고 불렀어요. 신라에서 마립간으로 불린 왕은 네 명이었어요. 제23대 왕부터는 모두 왕이라고 불렀어요.

이가 많은 노례왕

떡을 깨물어 시험했어요

남해왕이 세상을 떠난 뒤 남해왕의 아들 노례가 탈해에게 왕의 자리를 양보하자 탈해가 말했어요.

"덕이 있고 지혜로운 사람은 이가 많다고 하니, 잇자국으로 시험해 봅시다."

노례와 탈해는 떡을 깨물어 시험했어요. 잇자국이 더 많았던 노례가 왕위에 올랐지요. 이런 까닭으로 노례왕(유리왕) 때부터 왕을 잇금으로 부르기 시작했어요. 잇금은 이사금과 같은 말이고, 이질금이라고도 했어요.

나라를 세운 왕들의 신성한 이야기

노례왕은 여섯 마을의 이름을 고쳐 정하고, 여섯 성을 내렸어요. 여섯 성은 이씨, 최씨, 손씨, 정씨, 배씨, 설씨였지요. 그리고 신라에 처음으로 '도솔가'라는 노래가 생겼어요. 또, 농사를 지을 때 쟁기와 보습을 처음으로 사용했고, 얼음 저장 창고와 수레를 만들었어요. 42년에는 이서국을 멸망시켰는데, 같은 해에 고구려 군사가 쳐들어왔어요.

★**도솔가** 우리나라의 첫 노래로, 그 내용은 〈삼국사기〉에 전해져요. 백성들이 즐겁고 편안해서 지어 부른 노래라고 해요.

용왕의 아들, 탈해왕

이상한 배가 들어왔어요

남해왕 때였어요. 어느 날 가야 앞바다에 배 한 척이 들어왔어요. 가야의 수로왕은 신하와 백성들과 함께 그 배를 맞이하여 머물게 하려고 했는데 배가 나는 듯이 달리더니 신라 동쪽 하서지촌 아진포에 이르렀어요. 마침 아진포 바닷가에서는 아진의선이라는 할머니가 고기를 잡고 있었어요. 할머니는 혁거세왕의 고기잡이였어요. 할머니가 고기를 잡다 말고 까치 우는 소리에 고개를 들어 배를 바라보았어요.

나라를 세운 왕들의 신성한 이야기

"무슨 일로 까치들이 모여들어 우는 걸까?"
할머니는 배를 끌어당겨 살펴보았어요. 그랬더니 배 위에 까치가 모여 있고, 그 아래 상자가 하나 놓여 있었어요. 상자는 자그마치 길이가 약 6미터에 너비가 9미터가 넘었어요. 할머니는 배를 끌어다가 바닷가 숲에 매어 놓았어요. 그러나 상자를 함부로 열어 볼 수 없었어요. 혹시라도 안 좋은 일이 일어날까 봐 걱정되었거든요.

상자에서 남자아이가 나왔어요

잠시 후, 할머니가 하늘에 기도를 올리고 상자를 열었어요. 상자 안에는 남자아이와 노비와 여러 가지 보물이 가득 들어 있었어요. 할머니는 예삿일이 아니라 생각하여 그들을 집으로 데려가 정성껏 대접했어요. 그러나 남자아이는 자신이 누구이며 어디서 왔는지 입을 떼지 않았어요. 7일이 지나자, 비로소 이야기를 시작했지요.

나라를 세운 왕들의 신성한 이야기

"저는 바다 건너 용성국의 왕자입니다. 용성국에는 28명의 용왕이 있었는데, 모두 사람의 몸에서 태어났어요. 용왕들은 대여섯 살부터 왕위를 물려받아 온 백성이 걱정 없이 살 수 있도록 나라를 잘 다스렸지요. 그 뒤로는 귀족들이 차례차례 왕위에 올랐습니다. 제 아버지 함달파도 그렇게 해서 왕이 되었어요. 아버지는 적녀국의 공주를 왕비로 맞이했는데, 오래도록 아들을 낳지 못했어요. 어머니는 아들을 낳게 해 달라고 빌고 또 빌어 7년 만에 알 하나를 낳았지요."

붉은 용이 배를 호위했어요

아이는 말을 이어 갔어요.

"제 아버지는 신하들과 의논 끝에 나쁜 징조라며 저를 배에 실어 바다에 띄워 보냈어요. 그러고는 제게 말씀하셨지요. '아무 곳이나 인연이 있는 곳으로 흘러가서 나라를 세우고 집안을 이루거라.'

그때 문득 붉은 용 한 마리가 나타나 배를 호위했어요. 그렇게 용의 호위를 받으며 여기에 이르렀답니다."

나라를 세운 왕들의 신성한 이야기

저기가 바로 내가 살 집이다!

이야기를 마친 아이는 노비와 토함산 산마루에 돌집을 짓고 그곳에 머물렀어요.
아이는 알을 깨고 세상에 나왔다는 뜻으로 이름을 '탈해'라고 했어요. 탈해는 토함산 돌집에 7일 동안 머물면서 살 곳을 찾아다니다가 초승달처럼 생긴 산봉우리를 발견했어요.
"저기라면 내가 오래도록 살 만하겠구나!"
그곳은 호공이라는 사람의 집이었어요. 탈해는 그 집을 차지하기로 마음먹고 꾀를 냈어요. 아무도 몰래 집 옆에다 숫돌과 숯을 묻었지요.

호공의 집을 찾아갔어요

다음 날 이른 아침에 탈해는 호공의 집을 찾아가서 말했어요.
"여기는 우리 조상이 대대로 살던 집이오. 내 집에서 나가시오."
호공은 펄쩍 뛰었지만 탈해는 막무가내였어요. 둘은 옥신각신하다 호공이 관청에 고발했어요. 관청에 끌려온 탈해에게 관리가 물었어요.
"이 집이 네 집이라는 근거가 무엇이냐?"

나라를 세운 왕들의 신성한 이야기

탈해가 대답했어요.
"우리 집안은 대대로 대장장이 집안입니다. 일이 있어 집을 비운 사이에 저 사람이 집을 빼앗았습니다. 집 주변 땅을 파 보면 알 수 있을 것입니다."
탈해의 말대로 땅을 파 보니 숫돌과 숯이 나왔어요. 결국 탈해는 호공을 내쫓고 그 집을 차지했지요. 이때 신라를 다스리던 남해왕이 탈해가 호공의 집을 빼앗은 이야기를 들었어요. 그리고 무척 지혜로운 사람이라며 탈해에게 첫째 공주를 아내로 삼게 했어요. 이 사람이 아니 부인이었어요.

물그릇이 입에 붙었어요

어느 날 탈해가 토함산에 올랐다가 돌아오는 길이었어요. 목이 마른 탈해가 하인을 시켜 마실 물을 길어 오게 했어요. 하인이 물을 길어 오다가 먼저 한 모금을 마셨어요. 그러자 물그릇이 입에 붙어 떨어지지 않았어요. 하인은 하는 수 없이 물그릇이 붙은 채로 탈해 앞으로 나아가 맹세했어요.

"앞으로는 절대로 먼저 물을 마시지 않겠습니다."

나라를 세운 왕들의 신성한 이야기

그제야 물그릇이 입에서 떨어졌어요. 이때부터 하인은 물론이고 주위 사람들 모두가 탈해를 두려워하여 감히 속이려 하지 못했어요.
토함산에 요내정이라는 우물이 있는데, 그 우물이 바로 당시 하인이 물을 길었던 우물이랍니다.

석탈해가 왕위에 올랐어요

노례왕이 세상을 떠나자, 탈해가 왕위에 올라 신라 제4대 왕이 되었어요. 그때 탈해왕은 자신의 성을 석씨로 삼았어요. 까치 우는 소리에 아진의선이 탈해를 구할 수 있었기 때문에 한자 '까치 작(鵲)'에서 '새 조(鳥)'를 떼어 내고 남은 '석(昔)'을 성으로 삼은 것이지요.

탈해왕은 왕위에 오른 지 23년 만에 세상을 떠났어요. 신하들은 탈해왕을 소천 언덕에 장사 지냈어요. 어느 날 탈해왕의 혼령이 나타나 말했어요.

"내 뼈를 조심히 묻어라."

무덤을 파 보니, 탈해왕의 뼈는 두개골의 둘레가 약 36센티미터나 되었고, 몸통뼈는 3미터가 넘었어요. 그리고 뼈마디는 살아 있을 때처럼 모두 이어져 있었어요. 세상에 둘도 없는 장사의 뼈였지요. 신하들은 그 뼈를 부수어 탈해왕의 조각상을 만들어 궁궐 안에 모셨어요. 그런데 어느 날 또 탈해왕의 혼령이 나타나 말했어요.
"내 뼈를 토함산에 두어라!"
신하들은 탈해왕의 말대로 그의 조각상을 토함산에 모셨답니다.

삼국유사 놀이터

나라를 세운 왕들은 태어날 때부터 남달랐어요. 〈삼국유사〉에 기록된 이야기에 맞게 각 왕들의 특별한 이야기를 찾아 선으로 연결해 보아요.

금와왕

동명왕(주몽)

박혁거세왕

탈해왕

탈해왕은 황금 상자에서 나온 김알지를 태자로 삼았고, 훗날 김알지의 후손인 미추가 왕위에 올랐어요. 신라의 김씨는 알지로부터 시작된 것이지요. 미추왕은 죽어서도 신라를 지켰어요. 눌지왕은 외국에 잡혀간 형제를 잊지 못했고, 비처왕은 쥐와 까마귀 덕분에 궁에서 일어난 비밀스러운 일을 알아냈어요. 진지왕은 귀신이 되어 아들을 낳았고, 진평왕은 귀신에게 벼슬을 주었지요.
김씨 왕조에 어떤 특별한 이야기들이 있었는지 더 자세히 들여다볼까요?

신라 김씨의 시조, 김알지

나뭇가지에 걸린 황금 상자에서 나타났어요

탈해왕 때 일이었어요. 60년 8월 호공이라는 사람이 월성 서쪽 마을을 지나다가, 숲속에서 커다란 빛이 밝게 빛나는 것을 보았어요. 호공은 궁금한 마음에 숲에 가까이 다가갔어요. 그랬더니 자줏빛 구름이 하늘에서 땅까지 뻗어 있고, 구름 속으로 보이는 나뭇가지에 황금 상자가 걸려 있었어요. 빛은 그 황금 상자에서 나오는 것이었어요. 또 나무 밑에서는 흰 닭이 울고 있었어요. 호공이 깜짝 놀라 궁궐로 달려가 왕에게 보고했어요.

신라를 이끈 김씨 왕조의 특별한 이야기

왕은 숲으로 가서 황금 상자를 열었어요. 그러자 누워 있던 남자아이가 곧장 일어났어요. 그 모습이 마치 혁거세왕이 알에서 깨어날 때 '알지 거서간'이라고 외치며 한 번에 일어났을 때와 같았어요. 그래서 왕은 아이 이름을 '알지'로 지었어요. '알지'는 어린아이란 뜻이었어요. 성은 황금 상자에서 나와 '금'이라는 뜻의 '김(金)'씨로 정했어요.

신라의 김씨는 알지에서 시작되었어요

탈해왕이 알지를 수레에 싣고 궁궐로 돌아올 때였어요. 새와 짐승 들이 서로 따라오며 뛰놀고 춤을 추었어요. 왕은 알지를 하늘이 내린 사람이라 생각하고, 좋은 날을 가려 태자로 책봉했어요.

★**책봉** 왕세자, 왕후, 태자 등으로 세우는 것을 말해요.

신라를 이끈 김씨 왕조의 특별한 이야기

알지는 왕위에 오르지는 않았어요. 탈해왕이 세상을 떠난 뒤에 유리왕의 둘째 아들인 파사왕에게 왕위를 양보했지요. 후에 김알지는 열한을 낳고, 열한은 아도를 낳고, 아도는 수류를 낳고, 수류는 욱부를 낳고, 욱부는 구도를 낳고, 구도는 미추를 낳았어요. 마침내 미추가 왕위에 올랐어요. 신라의 김씨 왕조가 시작된 것이지요. 김알지의 7대손인 미추왕은 신라 제13대 왕이랍니다.

왜국의 왕과 왕비가 된 연오랑과 세오녀

연오랑을 왕으로 삼았어요

신라 제8대 임금 아달라왕이 왕위에 오른 지 4년째 되던 해였어요. 동해 바닷가 마을에 연오랑과 세오녀라는 부부가 살았어요. 어느 날 연오랑이 바다에 가서 김이나 미역 같은 해초를 따고 있을 때였어요. 갑자기 바위 하나가 나타나더니 연오랑을 태우고는 왜국으로 가 버렸어요.

그곳 사람들이 바위를 타고 온 연오랑을 보고 보통 사람이 아니라며 그를 왕으로 삼았어요.

신라를 이끈 김씨 왕조의 특별한 이야기

세오녀는 남편이 돌아오지 않자, 걱정되어 바닷가에 나갔어요. 바닷가를 헤매다 보니 어느 바위 위에 남편이 벗어 놓은 신발이 있었어요. 세오녀는 그 바위 위로 올라갔어요. 그러자 바위가 세오녀를 태우고 왜국으로 갔어요. 사람들은 바위를 타고 온 세오녀를 보고 더욱 놀라고 의아하게 여겼어요. 그래서 왕이 된 연오랑에게 이 사실을 알리고 세오녀를 바쳤어요. 부부는 다시 만나게 되었고, 세오녀는 왕비의 자리에 올랐어요.

신라의 해와 달이 빛을 잃었어요

연오랑과 세오녀가 왜국으로 떠난 뒤, 신라에서는 해와 달이 빛을 잃었어요. 온 나라가 어둠에 잠겨 캄캄해졌지요. 날씨나 별의 움직임을 보고 나라의 일을 점치는 관리가 말했어요.

"우리나라에 있던 해와 달의 정기가 왜국으로 가 버렸습니다."

그 말을 들은 왕이 왜국에 사신을 보내 연오랑과 세오녀를 데려오게 했어요.

신라를 이끈 김씨 왕조의 특별한 이야기

연오랑이 신라에서 온 사신에게 말했어요.
"내가 이 나라에 온 것은 하늘의 뜻인데, 어떻게 돌아가겠소? 대신 왕비가 짜 놓은 비단을 가져가 하늘에 제사를 지내시오."
아달라왕이 연오랑의 말대로 제사를 지냈더니 해와 달이 빛을 되찾았어요. 왕은 비단을 궁궐 보물 창고에 잘 보관했어요. 그리고 창고의 이름을 고귀한 부인의 창고라는 뜻의 '귀비고'라고 불렀어요.

죽어서도 나라를 지킨 미추왕

대나무 잎을 꽂은 군사들이 도와주었어요

신라 제13대 임금 미추왕은 김알지의 7대손이에요. 김알지의 자손들은 대대로 벼슬이 높고 덕이 있어 이해왕의 뒤를 이어 미추가 왕위에 올랐어요. 미추왕은 왕위에 오른 지 23년 만에 세상을 떠났는데, 죽어서도 호국 신이 되어 나라를 지켰어요.

신라를 이끈 김씨 왕조의 특별한 이야기

제14대 유리왕 때였어요. 이서국 군사들이 신라 수도 금성을 공격했어요. 적을 막아 내기 급급했던 신라군 앞에 갑자기 머리에 대나무 잎을 꽂은 죽엽군이 도우러 왔어요. 신라군은 죽엽군과 힘을 합쳐 적을 무찔렀어요. 그런데 이서국 군대가 물러나자, 죽엽군이 홀연히 사라졌어요. 다만 미추왕릉 앞에 대나무 잎이 수북이 쌓여 있을 뿐이었지요. 그제야 사람들은 미추왕이 죽엽군을 보내 죽어서도 나라를 지켰다는 걸 알았어요. 그래서 미추왕릉을 대나무가 나타난 능이라는 뜻의 '죽현릉'이라고 불렀어요.

김유신의 무덤에서 회오리바람이 일어났어요

세월이 흘러 신라 제36대 임금 혜공왕 때였어요. 779년 4월, 김유신 장군의 무덤에서 갑자기 회오리바람이 일어나더니 무덤 속에서 날쌘 말을 탄 장군이 나타났어요. 뒤에는 갑옷 차림에 무기를 든 군사 40여 명이 따르고 있었지요. 장군은 이 군사들을 이끌고 눈 깜짝할 사이에 미추왕이 잠들어 있는 죽현릉으로 들어갔어요.

전 그만 신라를 떠나겠습니다.

신라를 이끈 김씨 왕조의 특별한 이야기

잠시 후, 죽현릉이 흔들리면서 소리 내어 우는 듯한 소리가 났어요. 그러다가 김유신의 목소리가 선명하게 들려왔어요.

"저는 평생을 전쟁터에서 살며 어지러운 나라를 구하기 위해 애썼습니다. 또 삼국을 통일하는 데 큰 공을 세웠지요. 죽어 넋이 되어서도 오직 나라를 지키고 재앙을 물리치려는 마음뿐이었습니다. 그런데 지난 혜공왕 6년에 저의 자손이 아무런 죄도 없이 억울하게 죽었습니다. 나라가 저의 공을 잊은 까닭입니다. 저는 이제 다른 곳으로 멀리 떠나 다시는 나라를 위해 힘써 일하지 않으려 합니다. 왕께서는 허락해 주시기 바랍니다."

혜공왕이 김유신의 무덤에 사과했어요

미추왕이 대답했어요.

"나와 장군이 이 나라를 지키지 않으면 저 가엾은 백성들은 어쩌란 말이오? 장군은 다시 예전처럼 힘껏 노력해 주시오."

김유신은 똑같은 목소리로 세 차례나 부탁했어요. 그러나 미추왕은 세 차례 모두 허락하지 않았어요. 죽현릉이 잠시 조용해졌어요. 얼마 후 다시 회오리바람이 크게 일면서 김유신과 그 뒤를 따르는 군사들이 김유신의 무덤 속으로 사라졌어요.

신라를 이끈 김씨 왕조의 특별한 이야기

혜공왕이 이 소식을 듣고 즉시 김유신 장군의 무덤에서 정성을 다해 제사를 올리며 나라의 잘못을 사과했어요. 또 취선사에 기름진 논 서른 마지기를 내려 김유신 장군의 명복을 빌게 했어요.

이렇듯 미추왕은 노한 김유신 장군의 영혼을 달래면서까지 죽어서도 나라를 지키려고 했어요. 나라 사람들은 감사한 마음에 해마다 제사를 지내며 미추왕의 덕을 기렸지요.

★**취선사** 김유신 장군이 평양을 쳐서 평정한 뒤에 복을 빌기 위해 지은 절이에요.
★**마지기** 논밭 넓이의 단위를 말해요. 논 한 마지기는 약 150~300평 정도예요.

아우들을 잊지 못한 눌지왕과 충신 박제상

미해는 왜국으로, 보해는 고구려로 잡혀갔어요

신라 제17대 임금 내물왕 때 왜왕이 사신을 보내 말했어요.
"저희 임금께서는 대왕께서 훌륭하시다는 말씀을 듣고, 친하게 지내기를 바라십니다. 대왕께서는 왕자 한 명을 보내 성의를 표현해 주십시오."
내물왕은 셋째 아들 미해를 왜국으로 보냈어요. 이때 미해의 나이는 겨우 열 살이었어요. 왜왕은 미해를 30년 동안 붙잡아 두고 돌려보내지 않았어요. 내물왕은 끝내 미해를 만나지 못하고 세상을 떠났지요.

신라를 이끈 김씨 왕조의 특별한 이야기

신라 제19대 임금 눌지왕 때 고구려에서 사신이 와서 말했어요.
"저희 임금께서는 신라와 고구려가 사이좋게 지내기를 바라십니다. 지혜와 재주가 뛰어난 보해 왕자를 고구려에 보내 뜻을 전해 주십시오."
왕은 그 말을 듣고 매우 다행이라고 생각했어요. 고구려가 국경을 쳐들어와 어려움이 많았거든요. 눌지왕은 동생 보해를 고구려로 보냈어요. 그러나 고구려 장수왕 역시 보해를 붙잡아 두고는 돌려보내지 않았어요.

눌지왕이 눈물을 흘렸어요

눌지왕이 여러 신하와 나라 안의 호걸들을 불러 모아 잔치를 베풀었어요. 분위기가 무르익자 왕이 눈물을 흘리면서 말했어요.

"아버지 내물왕께서는 왜국의 침입을 막고자 나의 동생 미해를 왜국으로 보냈는데, 다시 만나 보지 못하고 눈을 감으셨지. 또한 나는 우리를 끊임없이 괴롭혀 온 고구려와 친하게 지내기 위해 동생 보해를 고구려로 보냈는데, 고구려 역시 보해를 붙잡아 두고 돌려보내지 않는구나."

신라를 이끈 김씨 왕조의 특별한 이야기

들고 있던 사람들은 마음이 아팠어요. 눌지왕이 말을 이었지요.
"한순간도 동생들을 잊어 본 적이 없다. 이제라도 두 동생을 데려와 함께 아버지의 묘를 찾아뵙고 싶구나. 누가 이 일을 해낼 수 있겠는가?"
신하들이 입을 모아 한 사람을 추천했어요.
"이 일은 결코 쉬운 일이 아닙니다. 반드시 지혜와 용기가 있어야 합니다. 저희 생각으로는 삽라군 태수 박제상이 좋겠습니다."

박제상이 고구려에 갔어요

눌지왕이 박제상을 불러 물었어요. 박제상이 두 번 절하고 대답했어요.

"신하가 어떤 일을 하는데 어려운가 쉬운가를 따져 보고 나서 행동하면 충성스럽지 못한 것이고, 죽을지 살지를 따져 보고 나서 움직이면 용기가 없는 것입니다. 제가 비록 똑똑하지는 못하오나, 명령을 받들어 두 왕자를 구하러 가겠습니다."

왕은 박제상을 칭찬하며 술을 나누어 마셨어요.

신라를 이끈 김씨 왕조의 특별한 이야기

박제상은 배를 타고 신라를 떠나 고구려에 도착해서는 변장을 하고 몰래 보해 왕자를 찾아갔어요. 둘은 머리를 맞대고 탈출 날짜와 방법을 짰어요. 계획한 날이 다가오자, 보해 왕자는 아프다는 핑계를 대고 며칠 동안 모습을 보이지 않다가 한밤중에 도망쳤어요. 고구려 장수왕이 이 일을 알고 군사 수십 명을 보내 뒤쫓게 했어요. 군사들은 그들을 거의 따라잡았지만, 보해 왕자를 불쌍히 여겨 모두 화살촉을 뽑고 활을 쏘았어요. 보해가 고구려에 머무는 동안 항상 주위 사람들에게 은혜를 베풀었기 때문이었지요.

박제상이 왜국으로 갔어요

박제상은 보해 왕자를 모시고 신라로 무사히 돌아왔어요. 눌지왕은 눈물을 흘리며 기뻐했어요. 그러나 보해를 만나 보니, 왜국에 붙잡혀 있는 미해 왕자 생각이 더욱 간절해졌어요. 눌지왕이 눈물을 머금고 사람들에게 말했어요.
"이것은 마치 몸에 팔이 하나뿐이고 얼굴에 눈이 하나뿐인 것 같구나. 하나는 얻었으나 하나는 없으니 어찌 슬프지 않겠나?"

이 말을 들은 박제상이 공손히 절을 하고 물러 나와 다시 말에 올랐어요. 그러고는 집에도 들르지 않고 율포 바닷가로 달려갔어요. 박제상의 아내가 이 소식을 듣고 말을 달려 뒤쫓았어요. 그러나 율포에 이르렀을 때는 박제상이 이미 배에 오른 뒤였지요. 아내는 남편을 애타게 불렀지만, 박제상은 그저 손을 흔들어 보일 뿐 배를 멈추지 않았어요.

의심을 피하려고 거짓말을 했어요

왜국에 도착한 박제상은 왜왕의 의심을 피하려고 거짓말을 했어요.
"신라 왕이 죄 없는 제 아버지와 형을 죽여 이곳까지 도망쳐 왔습니다."
왜왕은 그 말을 믿고 박제상에게 집을 내주며 편안하게 지내도록 했어요.
박제상은 항상 미해 왕자와 바닷가에 나갔어요. 낚시질과 사냥을 하면서 잡은 물고기와 새 들을 모두 왜왕에게 바쳤지요. 왜왕은 몹시 기뻐하며 전혀 의심하지 않았어요.

신라를 이끈 김씨 왕조의 특별한 이야기

때마침 새벽에 안개가 짙게 끼었어요. 박제상이 말했어요.

"달아나기 적당한 때입니다. 출발하십시오."

미해 왕자가 대답했어요.

"같이 갑시다."

그러나 박제상은 고개를 가로저었어요.

"만약 저까지 없다면 아마도 왜인들이 알아차려 뒤쫓아 올 것입니다. 저는 여기에 남아서 저들의 추격을 막겠습니다."

미해 왕자가 탈출했어요

미해는 망설였어요.

"아버지 같은 그대를 버려두고 어찌 나 혼자만 돌아갈 수 있겠소?"

박제상이 작별 인사를 하며 말했어요.

"왕자님의 목숨을 구하여 우리 임금의 마음을 위로할 수 있다면 저는 그것으로 만족합니다. 빨리 떠나십시오."

미해 왕자는 때마침 그곳에 신라에서 온 강구려와 함께 떠났어요.

신라를 이끈 김씨 왕조의 특별한 이야기

박제상은 미해 왕자의 방에 들어가 있었어요. 이튿날, 미해 왕자의 주변 사람들이 찾아오자 박제상이 말했어요.
"왕자께서 어제 사냥하느라 너무 피곤하여 아직 일어나지 못하십니다."
시간이 흘러 날이 저물자, 사람들이 수상히 여겨 다시 물었어요. 박제상은 그제야 사실대로 대답했지요. 사람들이 급히 왜왕에게 알렸어요. 왜왕은 말을 탄 병사들을 시켜 뒤쫓게 했지만, 따라잡을 수 없었지요.

차라리 신라의 개돼지가 되겠노라!

왜왕이 박제상을 옥에 가두고 캐물었어요.

"너는 어째서 미해 왕자를 몰래 보냈느냐?"

"나는 신라의 신하이지 왜의 신하가 아니다. 우리 임금의 소원을 이루려 한 것뿐이다."

박제상의 대답에 왜왕은 화를 내면서도 회유했어요.

"지금이라도 나의 신하라고 말하면 높은 벼슬과 상을 내리겠다."

나의 신하가 되면 풀어 주겠다.

신라를 이끈 김씨 왕조의 특별한 이야기

왜왕의 말에 박제상이 대답했어요.
"차라리 신라의 개나 돼지가 될지언정 왜국의 신하는 되지 않겠다!"
왜왕은 더욱 화가 나서 박제상의 발바닥 살갗을 도려낸 후 다시 물었어요.
"너는 어느 나라 신하인가?"
"신라의 신하다."
왜왕은 박제상을 굴복시킬 수 없다는 것을 알고, 목도라는 섬으로 데려가 불태워 죽였어요.

141

박제상의 부인이 치술령의 신모가 되었어요

드디어 미해 왕자가 신라에 돌아왔어요. 눌지왕은 놀랍고 기뻐서 모든 신하에게 미해 왕자를 맞이하게 했어요. 그러고는 잔치를 베풀고 나라 안의 죄수들도 풀어 주었어요. 또한 박제상의 아내를 국대부인으로 책봉하고, 딸을 미해 왕자의 부인으로 삼았어요.

신라를 이끈 김씨 왕조의 특별한 이야기

박제상이 왜국으로 떠났을 때, 그의 부인은 망덕사 남쪽 모래밭에 드러누워 오래도록 울부짖었어요. 이때 친척들이 부인을 부축하여 돌아가려 했지만, 부인이 다리를 뻗고 앉아 일어나지 않았어요.
오랜 후에도 부인은 남편을 그리워하는 마음에 세 딸을 데리고 치술령에 올라 왜국을 바라보며 통곡하다 죽어, 치술령의 신모가 되었어요.

죽이려다 죽은 실성왕

눌지를 제거하려다 죽었어요

신라 제18대 임금 실성왕 때였어요. 실성왕은 내물왕의 아들 눌지를 못마땅하게 여겼어요. 눌지가 덕이 있어 사람들에게 존경을 받았기 때문이지요. 왕은 눌지를 해치려고 고구려 군사들을 불러들였어요. 그러나 고구려 군사들은 눌지의 행동이 바르고 어진 것을 보고, 눌지가 아닌 실성왕을 죽인 뒤 눌지를 왕으로 세우고 고구려로 떠났어요.

삼국유사 배움터

눌지왕이 실성왕을 죽였다?

〈삼국사기〉에서는 〈삼국유사〉와 다른 이야기가 전해져요. 내물왕의 태자 눌지는 생활이 불안정했어요. 두 동생을 왜국과 고구려에 보낸 데다 실성왕이 눈엣가시처럼 여겼거든요. 그러던 어느 날, 실성왕이 고구려 자객을 몰래 만나 눌지를 없애라고 시켰어요. 그러나 눌지를 만나 본 자객은 눌지의 인품이 훌륭해서 죽이지 않고 사실을 고백했지요. 실성왕의 음모를 알게 된 눌지는 실성왕을 죽이고 스스로 왕이 되었어요.

거문고 집을 쏜 비처왕

까마귀와 쥐가 와서 울었어요

신라 제21대 임금 비처왕(소지왕)이 어느 날 천천정이라는 정자에 갔어요.

이때 갑자기 까마귀와 쥐가 와서 울더니, 쥐가 사람처럼 말을 했어요.

"이 까마귀가 가는 곳을 살피시오."

왕은 말을 탄 군사를 시켜 까마귀를 뒤쫓게 했어요. 그런데 군사가 까마귀를 쫓던 중에 돼지 두 마리가 씩씩거리며 싸우는 것을 구경하다 그만 까마귀를 놓치고 말았지요.

신라를 이끈 김씨 왕조의 특별한 이야기

그때 한 노인이 연못에서 나오더니 편지 한 통을 건네주었어요. 겉봉투에는 이렇게 써 있었어요.

"뜯어보면 두 사람이 죽고, 뜯어보지 않으면 한 사람이 죽을 것이다."

군사는 말을 달려 왕에게 편지를 전해 주었어요. 겉봉투를 읽어 본 왕이 두 사람이 죽는 것보다는 한 사람이 죽는 것이 낫겠다며 편지를 없애려 했어요.

147

정월 대보름 풍속이 생겼어요

때마침 비처왕 옆에 나랏일을 점치는 관리가 있었어요.

"두 사람은 일반 백성이고, 한 사람은 왕입니다."

왕이 점치는 관리의 말을 그럴듯하게 여겨 편지를 뜯어 읽었어요.

"거문고 집을 쏴라."

왕은 궁궐로 돌아와 곧바로 거문고 집을 쏘았어요. 그러자 두 사람의 비명 소리가 퍼졌어요.

신라를 이끈 김씨 왕조의 특별한 이야기

거문고 집을 열어 보니 궁에서 불공을 드리던 승려가 왕비와 사랑을 나누고 있었어요. 왕은 두 사람을 즉시 처형했어요.

이때부터 우리나라에 해마다 정월 첫째 돼지의 날, 첫째 쥐의 날, 첫째 말의 날에는 모든 일에 조심하여 함부로 행동하지 않는 풍속이 생겼어요. 또 정월 보름을 까마귀 제삿날이라 하여 찰밥으로 제사를 지냈어요.

울릉도를 정복한 지증왕

왕비를 구하기 어려웠어요

신라 제22대 임금 지증왕에게는 고민이 있었어요. 보통 사람과는 다르게 몸집이 워낙 커서 왕비를 구하기 어려웠거든요. 그래서 신하에게 왕비가 될 만한 처녀를 찾게 했어요.

신하가 모량부에 이르렀을 때였어요. 커다란 나무 아래서 개 두 마리가 북만 한 똥 덩어리의 양쪽 끝을 다투어 먹고 있었어요. 그것을 본 신하가 마을 사람들에게 누가 눈 똥인지 아느냐고 물었더니 한 소녀가 대답했어요.

"이 마을 재상의 딸이 숲속에 숨어서 눈 것입니다."

신라를 이끈 김씨 왕조의 특별한 이야기

신하가 '드디어 임금님의 체격에 맞는 처녀를
찾았구나!' 하며 서둘러 그 집을 찾아갔어요.
자초지종을 들은 재상이 딸을 불렀어요.
그런데 처녀의 키가 무려 2미터가 넘었어요.
신하의 보고를 받은 왕은 무척 기뻐하며
수레를 보내 처녀를 궁궐로 맞이했어요.
그러고는 좋은 날을 잡아 혼례를 올렸지요.
신하들은 모두 기쁜 마음으로 축하했어요.

우리 임금님과
천생연분이야!

우릉도를 정복했어요

지증왕에게는 빼놓을 수 없는 이야기가 있어요. 바로 울릉도 정벌이지요. 당시 아슬라주(강릉) 동쪽 바다에는 뱃길로 이틀쯤 걸리는 곳에 우릉도(울릉도)라는 섬이 있었어요. 섬 사람들은 섬 주변의 바다가 깊고 파도가 높아 쉽게 접근할 수 없다는 점을 믿고, 교만하게 굴면서 신하 노릇을 하지 않았어요.

신라를 이끈 김씨 왕조의 특별한 이야기

지증왕은 이찬 박이종에게 군사를 거느리고 가서 우릉도를 치게 했어요.
그런데 박이종은 싸우지 않고 이길 수 있는 꾀를 냈어요. 나무를 깎아
험상궂은 사자를 만들어 배에 싣고 가서 거짓으로 위협했지요.
"항복하지 않으면 이 짐승들을 풀어놓겠다!"
우릉도 사람들은 잔뜩 겁을 먹고 항복했어요. 왕은 우릉도를 정벌한
박이종에게 상을 주고 아슬라주의 장관으로 삼았어요.

백제의 제안을 거절한 진흥왕

백제가 원망하며 신라를 침략했어요

신라 제24대 임금 진흥왕은 열다섯 살의 나이에 왕위에 올랐어요. 초반에는 왕의 나이가 어렸기 때문에 태후가 섭정했어요. 왕위에 오른지 15년이 지난 554년, 백제군이 신라에 쳐들어왔어요. 그리고 남녀 3만 9천 명과 말 8천 필을 빼앗아 갔어요. 이때 백제의 침략에는 이유가 있었어요.

★섭정 왕을 대신해서 나라를 다스리는 것을 말해요.

신라를 이끈 김씨 왕조의 특별한 이야기

어느 날 백제가 신라에 군사를 일으켜 함께 고구려를 공격하자고 했어요. 이때 진흥왕이 말했어요.
"나라가 흥하고 망하는 것은 하늘에 달려 있다. 만약 하늘이 고구려를 미워하지 않는다면 내가 어떻게 감히 고구려의 멸망을 바라겠느냐?"
이 말을 전해 들은 고구려에서는 진흥왕의 말에 감격하여 신라와 평화롭게 지내기로 약속했어요. 그러자 백제가 신라를 원망하여 쳐들어왔던 것이지요.

백성들에게 쫓겨난 진지왕

진지왕이 도화녀를 탐냈어요

신라 제25대 임금 진지왕은 576년에 왕위에 올랐다가 4년 만에 백성들에게 쫓겨났어요. 진지왕에게 무슨 일이 있었던 걸까요?

사량부에 얼굴이 매우 아름다운 여인이 살았어요. 사람들은 이 여인을 복숭아꽃처럼 아름답다고 하여 도화녀라고 불렀지요. 진지왕이 소문을 듣고 도화녀를 궁궐로 불러 후궁으로 삼으려고 하자, 도화녀가 말했어요.

신라를 이끈 김씨 왕조의 특별한 이야기

"여자가 지킬 일은 두 남편을 섬기지 않는 것입니다. 남편이 있는데 어찌 다른 남자에게 가겠습니까?"
죽는다고 해도 지킬 것이냐는 왕의 말에 도화녀가 대답했어요.
"차라리 목을 베어 주십시오."
왕이 희롱하며 말했어요.
"남편이 없으면 되겠느냐?"
"그렇습니다."
도화녀의 대답에 왕은 도화녀를 놓아주었어요.

내 후궁이 되거라.

전 남편이 있는걸요.

도화녀가 귀신의 아들 비형을 낳았어요

진지왕이 도화녀를 탐냈던 바로 그해였어요. 백성들은 술과 여자에 빠져 나라를 위기에 빠뜨린 진지왕을 왕위에서 쫓아냈고 진지왕은 세상을 떠났지요. 그로부터 2년 뒤에 도화녀의 남편이 죽었어요. 남편이 죽은 지 열흘쯤 지난 어느 날 밤이었어요. 진지왕이 살아 있을 때와 똑같은 모습으로 도화녀의 방에 들어와서 말했어요.

"이제 남편이 죽었으니 내 아내가 되겠는가?"

이제 남편이 죽었으니 내 아내가 되거라.

사람이야? 귀신이야?

벌떡

신라를 이끈 김씨 왕조의 특별한 이야기

도화녀는 부모에게 어찌해야 할지 물었어요.
"임금의 명령을 어떻게 피하겠니…."
부모는 도화녀를 방으로 들여보냈어요. 왕은 도화녀의 집에서 7일을 머물렀는데, 늘 지붕에 오색구름이 덮여 있고, 방 안에 향기가 가득 찼어요. 그렇게 7일이 지난 후 왕은 갑자기 사라져 자취를 감추었어요. 그 후 도화녀는 임신을 했고 열 달이 지나 아기를 낳으려고 하자, 하늘과 땅이 흔들렸어요. 도화녀는 사내아이를 낳아 이름을 '비형'이라고 지었어요.

귀신에게 벼슬을 내린 진평왕

비형이 귀신을 불러 다리를 놓았어요

진지왕의 뒤를 이어 진평왕이 나라를 다스릴 때였어요. 비형이 특이하다는 소문을 들은 진평왕이 비형을 궁궐로 데려와 키웠어요. 열다섯 살이 되어 집사 벼슬을 받은 비형은 밤마다 궁궐을 빠져나가 어딘가에 갔다가 새벽에 돌아왔어요. 왕이 용감한 군사 50명에게 비형을 쫓게 했어요. 비형은 밤이 되면 궁을 훌쩍 뛰어넘어 서쪽에 있는 '황천'이라는 곳으로 가서 귀신들을 거느리고 놀았어요.

왕은 군사들의 보고를 듣고 비형을 불러 물었어요.
"네가 귀신들을 거느리고 논다는 것이 사실이냐?"
비형이 사실대로 말하자, 왕이 말했어요.
"그렇다면 네가 귀신들을 시켜 신원사 북쪽 시내에 다리를 놓거라."
그날 밤, 비형은 귀신들에게 돌을 다듬게 하여 하룻밤 사이에 큰 다리를 놓았어요. 왕은 그 다리를 귀신이 놓았다고 하여 '귀교'라고 불렀어요.

귀신들이 비형 이름만 들어도 달아났어요

다음 날 진평왕이 또 비형을 불러 물었어요.

"귀신들 가운데 인간 세상에 나와 정치를 도울 만한 자가 있느냐?"

"예, 길달이란 자가 있습니다."

"그럼 내일 데려오도록 하여라."

이튿날 왕은 비형이 데려온 길달에게 집사의 벼슬을 내렸어요. 길달은 무슨 일이든지 잘해 냈어요.

신라를 이끈 김씨 왕조의 특별한 이야기

진평왕은 아들이 없었던 신하 임종에게 길달을 아들로 삼게 했어요. 임종은 길달에게 흥륜사 남쪽에 다락문을 짓게 했어요. 길달은 밤마다 그 다락문 위에 올라가 잠을 잤어요. 그래서 이 다락문의 이름을 길달문이라고 했어요. 그러던 어느 날 길달은 여우로 변해서 산으로 도망쳐 버렸어요. 비형은 다른 귀신을 시켜 길달을 잡아서 없앴어요. 그 뒤로 귀신들은 비형이라는 이름만 들어도 무서워서 달아났어요.

귀신을 쫓는 풍습이 생겼어요

비형이 길달을 없앤 이후에 신라에는 귀신을 쫓는 풍습이 생겼어요. 사람들이 귀신을 쫓을 때 비형의 이름을 넣어 노래를 지어서 불렀어요. 또는 집집마다 다음과 같이 글을 써 붙여 귀신을 물리쳤답니다.

임금의 혼이 아들을 낳았구나.
여기는 **비형랑의 집**이다.
날고뛰는 온갖 귀신들아
이곳에는 함부로 머물지 말아라.

비형 집이래. 도망가자!

신라를 이끈 김씨 왕조의 특별한 이야기

"이 돌은 치우지 마."

왕이 밟자마자 돌이 부서졌어요

진평왕은 키가 3미터가 넘는 거인이었어요. 하루는 왕이 궁궐 안에 지은 내제석궁이라는 절에 나들이를 갔어요. 그런데 섬돌을 밟는 순간 돌 두 개가 한꺼번에 부서졌어요. 진평왕은 자신의 남다른 힘을 과시하기 위해서 곁에 있던 신하에게 명령했어요.

"이 돌을 옮기지 말고 후세 사람들이 볼 수 있도록 그대로 두어라."

"힘이 어마어마하시네요."

165

신라에는 세 가지 보물이 있었어요

579년 8월 진평왕이 왕위에 올랐을 때, 천사가 내려와 왕에게 말했어요.

"하느님께서 이 옥대를 전해 주라고 하셨습니다."

왕이 친히 무릎을 꿇고 옥대를 받자, 천사는 하늘로 올라갔어요. 왕은 나라의 큰 제사 때마다 이 옥대를 맸어요.

훗날 고구려 왕이 신라를 침략하기 전에 물었어요.

"신라에는 세 가지 보물이 있어 침범할 수가 없다고 하는데, 그것이 무엇인가?"

하느님의 선물입니다.

신라를 이끈 김씨 왕조의 특별한 이야기

"황룡사의 장륙존상이 첫째요, 그 절의 9층 탑이 둘째요, 하늘이 진평왕에게 준 옥대가 그 셋째입니다."

고구려 왕은 이 대답을 듣고 신라를 공격하려던 계획을 그만두었어요.

신라는 다음과 같이 옥대를 기렸어요.

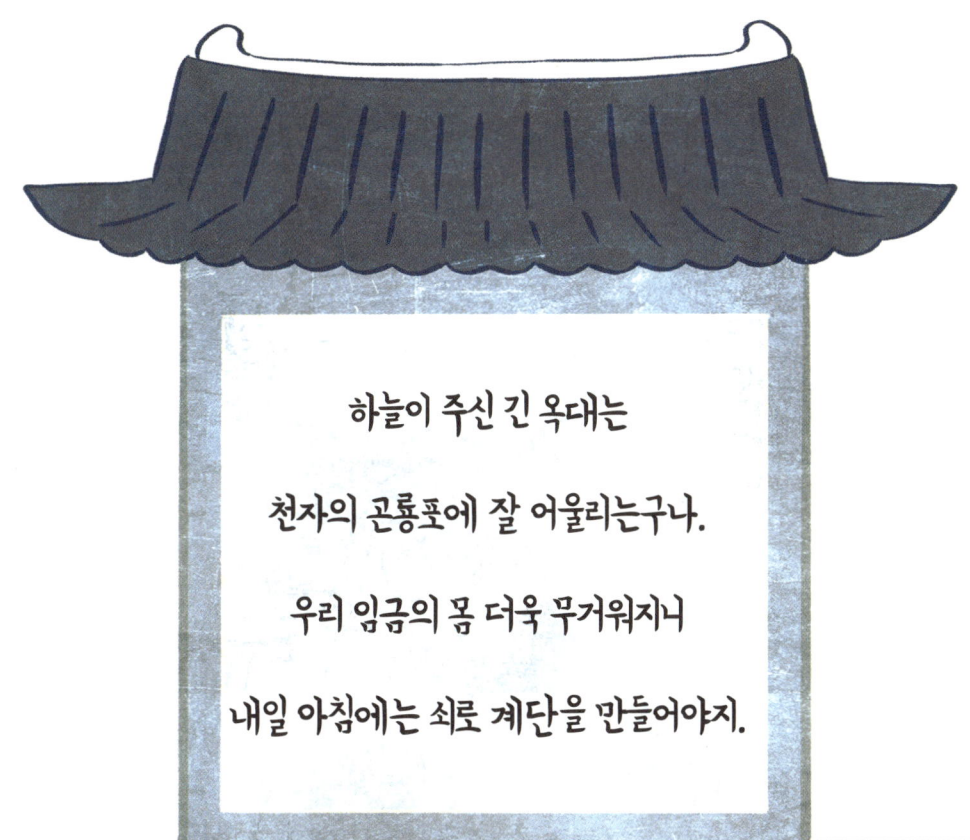

하늘이 주신 긴 옥대는

천자의 곤룡포에 잘 어울리는구나.

우리 임금의 몸 더욱 무거워지니

내일 아침에는 쇠로 계단을 만들어야지.

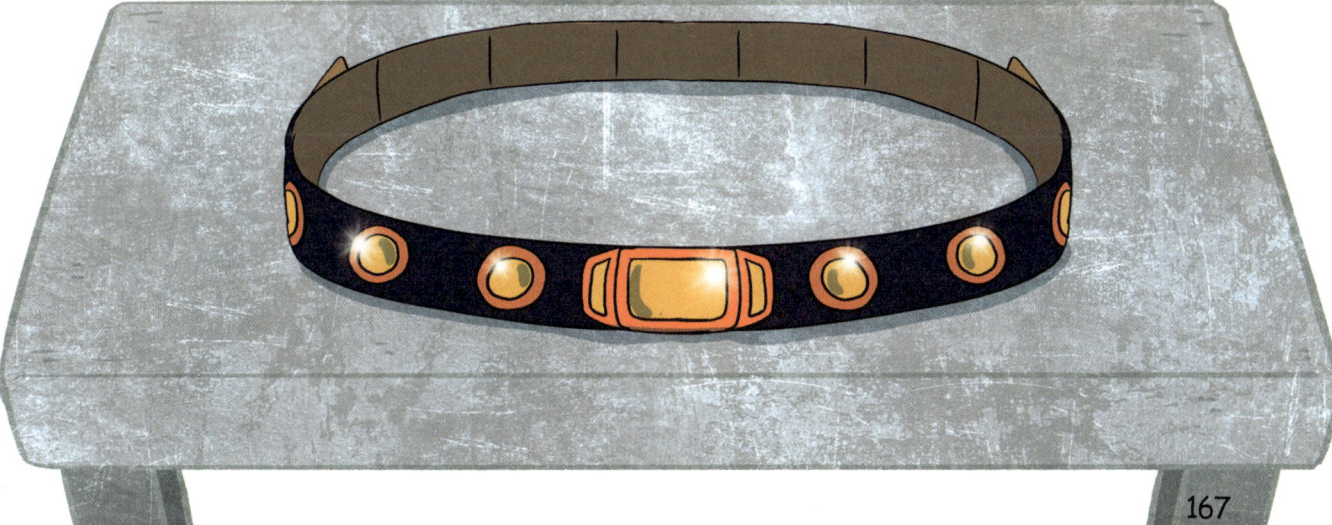

삼국유사 놀이터

신라는 김알지의 7대손 미추왕이 왕위에 오르면서 본격적으로 김씨 왕조 시대가 열렸습니다. 아래 그림을 보고 신라를 이끈 김씨 왕조에 어떤 특별한 일이 있었는지 이야기를 만들어 보세요.

우리 역사에서 신라에만 여왕이 있었어요. 그중 선덕 여왕은 매우 지혜로워서 여러 가지 일을 미리 알았어요. 그림만 보고 당나라 황제의 뜻을 파악했고, 자연 현상을 통해 미래를 예측했으며 자신이 죽을 날까지 미리 알았어요. 그리고 진덕 여왕은 나라의 위기 상황에서 당나라 황제에게 선물을 보내며 특별한 외교를 펼쳤지요. 지금부터 신라 두 여왕이 어떤 지혜로운 방법으로 나라를 통치했는지 만나 보아요.

지혜와 통찰력을 발휘한 신라의 여왕

앞날을 내다본 선덕 여왕

모란꽃에 향기가 없다는 것을 알았어요

신라 제27대 임금 선덕 여왕은 진평왕의 딸로 신라 최초의 여왕이에요. 632년에 왕위에 올라 16년 동안 나라를 다스렸는데, 세 가지 일을 미리 알았어요.

어느 날 중국 당나라 태종이 붉은색, 자주색, 흰색의 세 가지 색깔로 그린 모란꽃 그림과 씨앗 서 되를 보내왔어요. 왕이 그림을 보고 말했어요.

"이 씨앗은 꽃을 피워도 절대로 향기가 없을 것이다."

저 모란은 꽃이 피어도 향기가 나지 않을 것이다.

그걸 어찌 아십니까?

지혜와 통찰력을 발휘한 신라의 여왕

신하들은 이해가 되지 않아 고개를 갸웃갸웃하며 대궐 뜰에 꽃씨를 심었어요. 얼마 뒤, 싹이 트고 자라서 꽃이 피었어요. 그런데 선덕 여왕의 말대로 꽃에 향기가 없었어요.
신하들이 물었어요.
"모란꽃에 향기가 없다는 것을 어떻게 아셨습니까?"
"꽃 그림에 나비가 없어 향기가 없는 것을 알았네. 이것은 당 황제가 남편이 없는 나를 비웃은 것일세."
신하들은 선덕 여왕의 지혜에 크게 감탄했어요.

그림에 나비가 없거든.

적이 숨어 들어온 것을 알았어요

어느 추운 겨울날이었어요. 경주 영묘사 절 마당에 옥문지라는 연못이 있었는데, 이 연못에 개구리들이 모여들어 사나흘을 울어댔어요. 한겨울에 개구리들이 우니까 무슨 일인지 걱정된 백성들이 왕에게 물었어요.
왕은 급히 장수 알천과 필탄을 불러 명령했어요.
"빨리 날쌘 군사 2천 명을 뽑아 서쪽 교외로 떠나거라. 거기서 여근곡을 찾아가면 틀림없이 적군이 있을 것이니 덮쳐서 없애라."

알천과 필탄을 당장 서쪽으로 보내거라.

지혜와 통찰력을 발휘한 신라의 여왕

헉! 여기 있는 걸 어떻게 알았지?

숨어 있는 백제군을 모두 공격하라!

두 장수는 군사들을 이끌고 여근곡을 찾아갔어요. 그곳에는 백제 군사 500명이 숨어 있었어요. 신라군은 이들을 급습하여 모조리 죽였어요. 백제군을 물리친 후 돌아온 알천과 필탄이 왕에게 물었어요.
"여근곡에 백제 군사가 숨어 있는 것을 어떻게 아셨습니까?"
"개구리의 성난 얼굴은 군사의 모습이다. 그리고 겨울의 빛깔은 하얀데, 흰색은 서쪽을 나타내기 때문에 군사가 서쪽에 있다는 것을 알았다."
알천과 필탄은 선덕 여왕의 지혜에 또다시 감탄했어요.

죽을 날을 알았어요

어느 날 선덕 여왕이 아무 병도 없는데 신하들을 불러 말했어요.
"내가 아무 해 아무 달 아무 날에는 죽을 것이니, 나를 도리천★ 안에 장사지내거라."
신하들은 그곳이 어디인지 물었어요.
"낭산의 남쪽이다."

★**도리천** 불교에서 말하는 여섯 하늘 중 하나예요.

지혜와 통찰력을 발휘한 신라의 여왕

선덕 여왕은 자기가 말한 바로 그달 그날에 죽었어요. 신하들은 왕을 낭산 남쪽에다 장사 지냈어요.

그로부터 10여 년이 지난 뒤 문무왕이 왕의 무덤 아래에 사천왕사라는 절을 지었어요. 불경에 '사천왕사 위에 도리천이 있다.'라는 말이 있는데, 꼭 그 말과 같이 된 것이지요. 그제야 사람들은 선덕 여왕이 신령하고 성스럽다는 것을 알게 되었어요.

177

태평가를 수놓아 외교에 힘쓴 진덕 여왕

비단에 태평가를 수놓았어요

신라 제28대 진덕 여왕은 선덕 여왕의 뒤를 이어 왕위에 올랐어요. 신라의 두 번째 여왕이었지요. 진덕 여왕은 백제와 고구려에 시달리던 탓에 중국 당나라와 가깝게 지내려고 태종에게 '태평가'를 선물했어요. 직접 '태평가'를 짓고 비단에 가사를 수놓은 다음 사신을 시켜 태종에게 보냈지요. '태평가'를 선물 받은 태종은 몹시 기뻐하며 진덕 여왕을 계림국왕으로 고쳐 봉했어요.

지혜와 통찰력을 발휘한 신라의 여왕

알천이 호랑이 꼬리를 잡아 땅에 메쳐 죽였어요

진덕 여왕이 나라를 다스리고 있을 때였어요. 화랑 알천공, 유신공 등이 남산 우지암에 모여 나랏일을 의논했어요. 그때 큰 호랑이가 나타나 그 자리로 뛰어들자, 모두 놀라 일어났어요. 그러나 알천은 태연하게 있다가 호랑이 꼬리를 붙잡아 땅바닥에 메쳐 죽였어요. 알천은 진덕 여왕 때 상대등까지 올랐어요.

삼국유사 배움터

왜 신라에만 여왕이 있었을까?

우리 역사에서 여왕은 세 명이 있었어요. 선덕 여왕, 진덕 여왕 그리고 진성 여왕이지요. 이 세 여왕의 공통점은 모두 신라의 왕이라는 점이에요. 신라와 같은 시대였던 고구려와 백제는 물론이고, 훨씬 후대인 고려와 조선에서도 여왕은 나오지 않았어요. 왕은 당연히 남자가 맡는다고 생각했기 때문이지요.

그런데 왜 신라에만 여왕이 있었을까요? 그것은 '골품 제도★'라는 신라만의 독특한 신분 제도 때문이었어요.

왕족은 성골과 진골이 있었는데 그중에서도 성골만이 왕위에 오를 수 있었어요. 진평왕에게는 왕위를 물려줄 아들이 없고, 왕궁에 남자 성골이 한 명도 없었어요. 그래서 그 당시 유일하게 성골이었던 선덕 여왕이 왕위를 이을 수 있었지요. 선덕 여왕의 뒤를 이은 진덕 여왕 역시 남자 성골이 없었기 때문에 왕위에 올랐어요. 신라의 골품 제도가 여왕을 탄생시킨 것이지요.

★**골품 제도** 왕족, 귀족, 평민, 노비로 혈통에 따라 나눈 신라의 신분 제도예요. 품계에 따라 오를 수 있는 벼슬이 다르고, 집의 크기, 타고 다닐 수 있는 말의 수, 수레의 크기, 옷의 색깔, 여자의 경우는 장식용 빗의 재료까지 엄격하게 제한했어요.

삼국유사 놀이터

우리 역사에서 최초의 여왕이었던 선덕 여왕은 앞일을 내다보는 선견지명이 있었어요. 선덕 여왕이 모란꽃을 보고 있는 두 그림에서 다른 부분 다섯 군데를 찾아 ◯ 해 보세요.

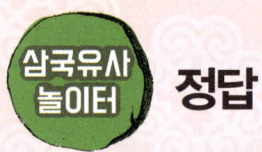
정답

▼ 34~35쪽

▼ 60~61쪽

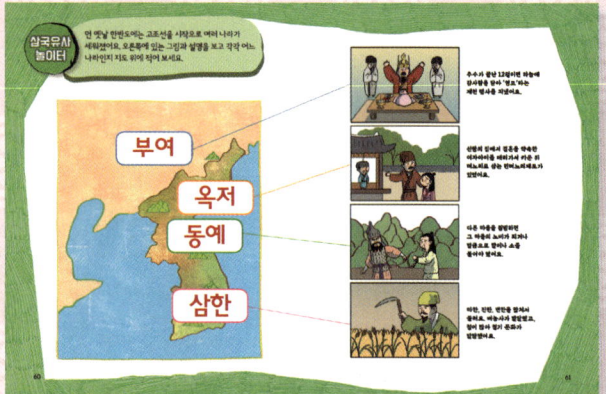

▼ 110~111쪽

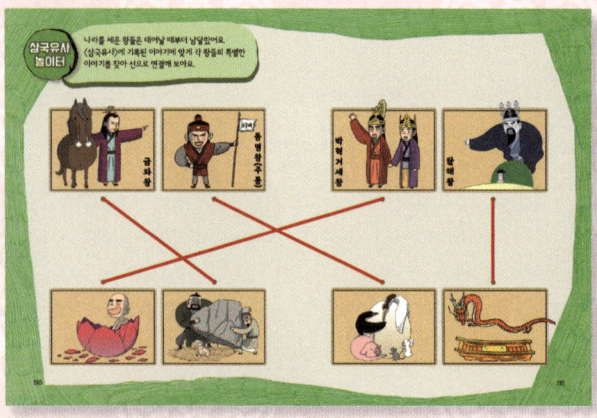

▼ 182~183쪽

《그림으로 보는 삼국유사》 시리즈는 전 5권입니다.

1권 　나라를 세운 신성한 이야기
2권 　통일 신라와 향가 이야기
3권 　후삼국과 남겨진 역사
4권 　삼국 시대의 불교 이야기
5권 　승려들과 효 이야기

<그림으로 보는 삼국사기>와 함께 읽어요!

삼국 시대 전성기 지도

고조선 세력 범위

백제 전성기

고구려 전성기

신라 전성기

남국 시대 불교 문화유산

미륵사지 (유네스코 세계유산)

백제 무왕 때(601년) 창건된 미륵사는 백제 최대의 사찰이다. 미륵사지 석탑은 현재 남아있는 석탑 중 가장 크고 오래된 탑이다.

왕궁리

백제 무왕 때(639년) 창건된 왕궁리 사찰이다. 왕궁리 오층석탑은 백제계 석탑이다.

부석사 (유네스코 세계유산)

신라 문무왕 16년(676년) 의상이 창건한 사찰이다. 우리나라 화엄종의 근본도량으로 창건 이래로 현재까지 번성한 사찰이다.

분황사

신라 선덕여왕 3년(634년)에 창건된 사찰이다. 분황사 모전석탑은 우리나라에 남아 있는 신라 석탑 가운데 가장 오래된 것이다.

통도사
통도사는 신라 선덕여왕 때(646년) 자장이 창건한 사찰이다. 양산 통도사는 우리나라 삼보사찰 중 불보사찰로 이름을 떨쳤다.

파사 석탑
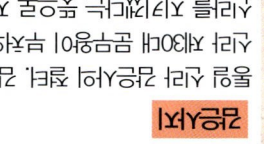
김해 가야 허왕후가 인도 아유타국에서 가져왔다고 전한다.

미륵사지

미륵사지는 백제 제30대 무왕 때에 미륵사지의 중심 사찰이었다.

감은사지

감은사지는 신라 제30대 문무왕 때 창건된 사찰이다. 경주 감은사지 삼층석탑은 신라 석탑의 전형이다.

진전사지

통일 신라 시대의 선종 사찰이다. 진전사지 삼층석탑은 기단과 탑신부에 부조상이 있다. 신 진흥왕 때 창건되었다.

사굴산 (유네스코 세계유산/문화재)
통일 신라 경덕왕 10년(751년)에 창건된 사찰이다. 이 사찰은 우리나라 대표적인 석굴 사원으로, 본 존불 및 조각상들이 빼어나 유네스코 세계문화유산에 등록되어 있다.

불국사 (유네스코 세계유산)

통일 신라 경덕왕 10년(751년)에 창건된 사찰이다. 경내에는 다보탑, 석가탑, 배례석, 연화교 등 문화재가 많이 남아 있다.

황룡사지
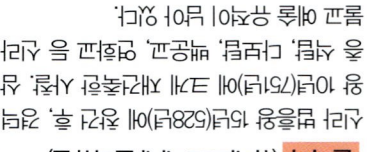
통일 신라 때 창건되었다. 통일 신라 시대 사찰 중 가장 큰 사찰이다. 진흥왕 때부터 황룡사 9층목탑 등 100여 년에 걸쳐 완성된 사찰이다.